（上）（左）市場は街歩きのアクセント。つい足を向け、そのパワーにいつも気が遠くなる。（右）バイクタクシーの運転手はこうして昼寝。バイクと共に生きるベトナム人の技ですなぁ（すべてホーチミンシティ）

ベトナムは米麺天国。これはダナン名物、
ミークワン。うどん食感の米麺は125円ほど

コーヒー畑は収穫期を迎えていた。枝をつかんだ両手を動かして、実を落とす。実におおざっぱな収穫法（バンメトート）

（上）（左）収穫したコーヒーの実は自宅に運び、庭で干す。そして果肉をとり除き、種がコーヒー豆に。根気のいる作業だ。（右）食堂の子犬は客を怖がる。常連客しか来ない地方都市の食堂。空気はゆっくり流れていく（すべてバンメトート）

夕日に染まる水田をぼんやり眺めていた。人生を忘れそうになる（ドンハー付近）

牛とアヒルと一緒に帰宅する夕方。平凡な1日がありがたい（北緯17度線付近）

ハノイの帽子＆菅笠屋。毎朝、これを吊るすだけでかなりの仕事量？
ベトナムの女性は働き者。アジアは女性で支えられていると実感（ハノイ）

突然、天秤棒と菅笠を渡され、はい写真。
ハノイの路地裏押し付け商売は果物売りより儲かる？

週末ベトナムでちょっと一服

下川裕治　写真・阿部稔哉

朝日文庫

本書は書き下ろしです。

週末ベトナムでちょっと一服●目次

ベトナムの通貨はドン。円とのレートは、最終取材（二〇一三年一二月）当時の千ドン＝四・八円で換算している

はじめに

異域という言葉がある。本来は外国とか異国という意味だが、江戸幕府は、外国と異域を区別して使っていた。外国は中国やオランダといった国々だが、琉球や蝦夷地などは異域と呼んだ。江戸幕府の支配は、薩摩藩や松前藩を通して及んでいるが、日本ではない……。そういうエリアだった。

僕にとってのアジアは、タイが中心だった。タイという国が気に入り、何回となく訪ね、高じて暮らすというところまでいってしまった。タイを中心に周辺の国々も訪ねていた。カンボジアやラオスは、タイの流儀で旅をすることができた。しかしベトナムに足を踏み入れたとき、ここは違う……と呟いていた。タイを中心にしたアジアに慣れ親しんだ身には、異域だったのだ。

さまざまなものが変わった。文字がアルファベットに記号がついたものになった。宗教が変わった。タイを中心にしたエリアは、上座部仏教、日本でいう小乗仏教の世界だった。しかしホーチミンシティで目にした廟《びょう》は、タイの寺とはまったく違った。

人々の僕に対する接し方にはこちらの腰が引けるほどだった。上座部仏教の国は、どこか一歩引いて声をかけるようなところがあったが、ベトナム人は物怖じしない態度で直球を投げてきた。

「ベトナムに来ると元気になる」

そういう日本人が多かった。僕もそうだった。ベトナム人は若く、疲れを知らない笑顔を浮かべ、ぐいぐいと迫ってきた。東北の震災の後、「元気をもらった」という言葉を、繰り返し聞かされたが、アジアを歩いていた僕は、ベトナムから元気をもらっていた。

はじめの頃、ベトナムの旅は制限が多かったが、しだいにどこにでも行くことができるようになった。そこで目にする世界は、アジアであることに違いはなかったが、その背後に渦巻くエネルギーがとめどもなく降りかかり、僕はときに疲れさえ感じはじめるようになった。彼らが発散する元気に当たってしまったのかもしれない。

自分の旅をとり戻す……。いつ頃からか、そんなことを考えるようになっていた。五年ほど前のことのように思う。彼らの元気に眩惑される世界を離れ、タイを歩くときのようにぼんやり街を眺める旅をしてみようと思った。

ベトナムのことは、短い文章を書くことはあっても、一冊という単位で書くことができなかった。理由は、そんなところにもあるような気がする。僕は元気なベトナム人に振りまわされていたのだ。

そこで見えてきたもの……。それは、僕自身のベトナムへの思い入れと、いまを生きるベトナム人とのギャップだった。

ベトナム戦争を引きずった世代である。「フランシーヌの場合」を口ずさむことができる年齢だった。ベトナム人もベトナムの風景も、目に入るものすべてに、ベトナム戦争というフィルターをかけてしまうようなところがあった。しかしよく考えてみれば、ベトナム戦争は一九七五年に終わっていた。その年に生まれた子供は、四十歳に近い年齢に達していた。ただでさえ現実的なベトナム人が、いつまでも、あの戦争を引きずっているわけがなかった。

その間に横たわる四十年近い年月を、丁寧に埋めていくこと。それが本書だったような気がしてならない。竹を割ったような明快なベトナムを描けたわけではない。僕自身、まだベトナムとベトナム人に悩んでいる。ベトナムはなかなか手ごわい国なのだ。

ホーチミンシティのデタム通りでコーヒーを飲み、五千ドンの市内バスに乗る。フォー屋のテーブルでフランス料理の痕跡を探し、バンメトートのコーヒー畑に迷い込む。そしてハノイに流れる中国の空気を嗅ぎとっていく。それらは、ベトナム戦争世代といまのベトナムの溝を埋めるという点からみれば、なんの脈絡もないようにに映るかもしれない。しかし僕のなかではつながっている。

『週末ベトナム〜』という本書のタイトルから具体的な旅のノウハウを期待する読者には応えられない内容だが、そのなかから、ベトナムの旅を紡ぎあわせてもらえればとも思っている。どこか手前勝手な言葉に聞こえるかもしれない。しかし、これが僕にとってのベトナムである。

週末ベトナムでちょっと一服

第一章　デタム通りの二十年

ホーチミンシティの朝はコーヒーである。どんなことがあってもベトナムコーヒーである。足繁くアジアに通っている。その日数分の朝がある。バンコクでは豆乳を買いに屋台に出向き、台北では街角のハンバーガーショップで蛋餅《ダンビン》とコーヒーを頼む。蛋餅というのは、もちもちとした食感の卵入りクレープ風パンである。それぞれの街で、好みの朝ができあがっていくのだが、ホーチミンシティの朝は、昔もいまもコーヒーである。

この国を植民地化したフランスは、拭《ぬぐ》いきれない傷をこの国に刻んでしまったが、イギリス人とは違う食へのこだわりが、この国のコーヒーを進化させ、路上に残していったようだ。バニラエッセンスがほんのりと効いた濃い目のコーヒーは、確実に僕の舌にも刷り込まれている。

朝に濃いコーヒーを飲む文化は、アジアの各地に定着している。カンボジアやラオス、そしてインドネシア……。カンボジアやラオスのコーヒーは、コーヒーの味をコンデンスミルクが乗り越え、のけぞってしまうほど甘い。インドネシアのそれ

朝のコーヒーとバインミー。5分前まで奥のバイク修理店のシャッターの前にいました。開店したので、この場所に。簡単な移動です

は、中東にも多い泥コーヒーが中心である。そのなかでは、やはりベトナムのコーヒーは洗練されている。

いや、そう思っていた。

ホーチミンシティではデタム通り周辺のゲストハウスに泊まることが多い。一泊十五ドルを切る安宿である。朝、僕は急な階段を四、五十段もくだり、ブイヴィエン通りに店を出す屋台でコーヒーを飲むことが多かった。ベトナム人が大好きな、風呂の洗い場にあるようなプラスチック椅子に座り、バイクで埋まった路上を眺めながら、小さめのコップのコーヒーを啜《すす》っていた。

しかし十年ほど前、ひとつの決断をした。アジアの多くの都市は、ホテルの競争が激しく、一泊二十ドルほどの中級ホテルが次々にできていた。四十ドルほどのホテルも、現地の旅行会社を通せば半値ほどになることもあった。当時の僕は、「ほどほど」という言葉が妙に気に入ってもいた。昔のようにゲストハウスにこだわらず、「ほどほどホテル」でもいいのではないか。そんなことを著作のなかで書いてもいた。

読者の目には、負け惜しみに映っていただろう。旅人は若返り、ゲストハウスは新陳代謝を繰り返していく。五十歳に近づき白髪が目立つようになっていた僕は、

昼間のデタム通りは気が抜けた感じ。夜はシャキッとします

居場所をみつけることに苦労するようになっていた。ゲストハウス街で耳にする若者の会話に、つい、「それは違う」と口を開いてしまいそうになる自分がいた。これだけ旅を続ければ、体力は落ちていくというのに、旅の知識だけは増えていってしまう。それを口にすれば、若者に嫌われることはわかっている。そういう年齢になれば、ゲストハウス街を離れ、「ほどほどホテル」で、ビールの酔いに任せて、ひとりごとでもいっているのが、いちばん平穏であることに気づきはじめていたのだろう。

適当な「ほどほどホテル」が出現しない街もあったが、ホーチミンシティでは、やや古くなった中級ホテルがディスカウントに走ってくれた。表向きの値段はさげられないから、安いホテル代情報はこっそりとホーチミンシティの旅行会社に流す。そこに連絡をとれば、二十ドルから二十五ドルという値段で三ツ星クラスのホテルに泊まることができるようになった。

ゲストハウスから「ほどほどホテル」にレベルをあげて、その差が五ドル、十ドル？ と視線を向けられると返す言葉もないのだが、星なしゲストハウスから、三ツでも星のつくホテルに昇格するわけだから、それは一大決心だった。

この種のホテルは、グエンフエ通りに面していることが多かった。宿を出ると幅三メートルほどの路地というデタム通り界隈とは違った。幅の広い道路が目の前にあり、歩道まであった。そんなホテルに泊まるようになった。

この種のホテルは、かつてはそれなりの格式や人気があったホテルだから、朝食もついている。しかし大幅にディスカウントをしなくてはいけないホテルになってしまった台所事情は苦しく、それは朝のバイキングの品数に如実に表れてしまっていた。やきそば、チャーハン、ゆで卵、トースト、サラダ、果物といった程度だった。脇にはコーヒーや紅茶、オレンジジュースがあった。ベトナムのにおいがなにもしない朝食を皿にとり、コーヒーをひと口、啜って、首を傾げてしまう。

まずいのだ。コーヒーを淹《い》れてから、だいぶ時間がたっているのだろうか。使っている豆の等級が低いのだろうか。カップに入ったコーヒーを眺めながら考え込んでしまった。

この種のホテルには三、四回泊まっただろうか。知りあいの旅行会社が予約をとってくれるホテルは毎回違った。部屋はそれなりにきちんとしていたのだが、どこもコーヒーがまずかった。そんなとき、数人のホーチミン在住の日本人と夕食を共にした。もう少し話を……と時計を見ると十時をまわっていた。

「この時間だとデタムかな」

ホーチミンシティで夜遅くまで店が開いているのは、ゲストハウス街のデタム通り周辺だったのだ。一軒のカフェに入った。オープンエアの店で、目の前にはバイクがぎっしり停まり、その向こうを物売りが歩いている。その光景を眺めながら、頼んだコーヒーをひと口啜る。

「これだよな……」

つい呟いてしまった。

ベトナムのコーヒーは、土産物になるほどだから、ホーチミンシティには専門のコーヒー店が何軒もある。チェーン店も少なくない。その種の店では、料金も安くはないが、きちんとしたコーヒーを飲むことができる。しかし僕にとっての問題は朝だった。考えてみれば、ホーチミンシティの「ほどほどホテル」についている朝食を無視し、街に出ればいいだけのことだったのだが、せっかくついている朝食を……とも思ってしまう。「ほどほどホテル」が多いグエンフエ通り一帯は、ホーチミンシティの中心街で、路上のコーヒー屋台も少なかった。

結局はそういうことだった。僕は再びデタム通りに舞い戻ってしまったのだ。ホテルの部屋にはあまりこだわらないタイプだから、「ほどほどホテル」の魅力はあまりなかった。朝の一杯のコーヒーのためにデタム通り界隈のホテルに戻ったといえば、なんとなくコーヒー通のような顔もできるが、ゲストハウス街のコーヒーが最高の味というわけではなかった。「ほどほどホテル」のコーヒーがまずすぎたのだ。

おそらく僕は、デタム通りの路上で、ベトナムコーヒーの味を刷り込まれてしまったのだろう。なんだか鼻白む思いもするのだが、その路上コーヒーが、僕の味覚にがっちりとはまってしまったのだから、もうどうしようもなかった。

デタム通り界隈の路上コーヒーがなぜおいしいのか……とつらつらゲストハウスの硬いベッドの上で考えてみる。いくつかの条件を思い浮かべては、ベッドの右か

ホーチミンシティでは、こんな感じでコーヒーが出てくる。ここから抽出に5分ほど。じっと待って覚えるベトナムの時間感覚

ら左へ投げ捨てていく。コーヒーの味はそこそこだが、絶対条件とはいいがたい。とすると環境だろうか。環境？　デタム通り界隈の路上店は屋外だから、冷房が効いているわけがなかった。暑い時期は、コーヒーを待っている間に汗がにじんでくる。路上だから、インテリアとか内装とは縁のない世界だ。ときに目の前には車が停まっている。閉まったシャッターの前の店は早朝だけで、シャッターが開くとテーブルごと移動しなくてはならない。もちろん、道はひっきりなしに、バイクが走っている。

そのなかでコーヒーを飲む。

これなのかもしれなかった。デタム通り界隈で刷り込まれた味とは……。

それを禊《みそ》ぎといったひとりの日本人がいた。その男は、日本料理屋を開くためにホーチミンシティにやってきた。自己資金は四百万円。家を処分してつくった金だった。しかし仲介業者に騙《だま》され、そのほとんどを失ってしまった。

「毎日、することがなにもない。朝、路上の店でコーヒーを飲むんです。どうしたらいいのか……最初は溜息ばかりですよ。そんな日々が一ヵ月も続いたかな。しかしひょんなことから、こっちの会社に拾われてね。そこに五年勤めて独立しました。いまになって考えるとね、あのコーヒーを飲んでいた時間は禊ぎじゃなかったかって思うんです。金がなくても、この国ではなんとかなるっていう。そう、日本の発想を捨てる期間というか」

同じような話をタイのバンコクでも聞いたことがある。やはり詐欺に遭った日本人だった。持参した資金が消えても、アジアに留まった男たちは、その街で生きていくための儀式を通過しなくてはいけないのだろう。日本でまとっていた上着を一枚、そして一枚と脱ぎ捨てていく日々でもある。

僕にとってのデタム通りのコーヒーは、禊ぎというほどのものではない。しかしある覚悟はある。バイクの海を渡り、勘定高いベトナム人とやりあっていく日々がはじまる。インドのコルカタに到着し、ミルクティーを飲んで下腹に力を入れるような感覚だろうか。

いや、路上でコーヒーを飲むときは、もう少しぼんやりしている。

「ああ、またバイクの街にきちゃったな」

そんなところだろうか。ベトナムの旅の日々を想い描く。心のなかを占めるのは不安ばかりだが、これまでもなんとかやってきたじゃないか……と自分にいい聞かせる。そんな時間と路上のコーヒーがシンクロしてしまっているのだ。

しかし僕がホーチミンシティを歩きはじめた頃、まだデタム通りの界隈にゲストハウス街はなかった。

ベトナム戦争が終結してからおよそ十年の間、この国は外国人観光客を受け入れるような状態ではなかった。戦後の復興に手間どっていたという意味ではない。ベトナムではまだ戦争が続いていたのだ。ベトナム軍はカンボジアに侵攻し、中国と対峙しなければならなかった。詳しくは追ってお話しすることになるが、ベトナム人は、日本人がいうベトナム戦争を抗米戦争と位置づけている。長い戦争のなかの、ひとつの闘いにすぎないのだ。

はじめてベトナム人を意識して目にしたのは、一九八一年のことだったように思う。勤めていた新聞社を辞め、アフリカからアジアを旅していた僕は、その年の暮れ、タイのアランヤプラテートにいた。ここはカンボジアとの国境に接する街だった。膨大な数の難民がタイ側に押し出されるように越境し、この街の周辺にあるキャンプに収容されていた。ある日、難民キャンプで支援を行う日本人スタッフと国境まで行ってみることになった。たいした距離ではない。車で五分ほど走れば国境だった。その手前、二百メートルほどのところで、タイ軍の兵士に止められた。そこから先へは行くことができなかった。前方にコンクリート製の監視所があり、その間からヘルメット姿の兵士が見えた。ベトナム兵だった。彼らを怖れ、多くのカンボジア人がタイ領に逃げ込んでいた。

ベトナム兵はタイ国境まで迫っていたのだ。

東京やヨーロッパの街で、僕はベトナム人を目にしていたのかもしれなかった。しかしベトナム人の顔を、意識的に眺めたのは、このときがはじめてだった。

カンボジア侵攻は、ベトナム政府の思惑とは裏腹に、アセアン諸国や世界の国々から反発を買った。経済制裁がベトナムに向けられ、国家財政は逼迫《ひっぱく》していく。そのなかで、刷新という意味のドイモイ政策に舵を切らざるをえなくなっていく。

一九八七年、政府は在外ベトナム人へのビザ発給を緩和すると発表する。在外べトナム人とは、戦乱期にベトナムを離れ、海外に暮らすベトナム人である。彼らの送金は、ベトナム経済を支えてもいた。より多くの送金や投資を呼び込むための緩和策だった。

和平演変《わへいえんぺん》という言葉がある。アメリカの国際関係学者が提案した政治プログラムを意味する表現だといわれる。政治的な宣伝、経済支援、文化交流といった平和的な手段を使い、社会主義国を民主化させていく手法である。天安門事件以降、中国が西側社会に対して盛んにこの言葉を使った。ベトナムも同様だった。東欧で起きた民主化運動を、この言葉を使って批難した。その論理でいえば、西側社会からやってくる人の行動は厳しく制限されることになる。アメリカを中心に暮らす在外ベトナム人へのビザ緩和は、その政策に逆行するものだった。ベトナム経済は、そこまで追い詰められていたのだろう。

中国と同じだった。中国も表面的には西側社会と対抗しながら、在外華人へのビザを緩めていく。しかし困ったことに、在外華人の国籍はさまざまだった。特定の国籍に絞ることができなかった。そこで個人旅行者向けに窓口をつくる。それが香港だった。返還前の香港を巧みに利用したわけだ。僕がはじめて中国のビザをとったのも、香港の重慶大厦《チョンキンマンション》だった。

ベトナムには香港のような土地はなかった。ビザは大使館が発給したが、個人で申請することはできなかった。管理されたパッケージツアーの形をとりたかったのか、旅行会社を通してしかビザをとることができなかった。

はじめてベトナムを訪ねたのは、一九九二年のことだった。日本でビザをとり、バンコクから飛行機でホーチミンシティに入った。訪ねることができるのは、ホーチミンシティとハノイ、ダナン、フエなどの大きな都市に限られていたと思うが、街のなかは自由に歩くことができた。

そのあたりの厳密さは中国とは違っていた。香港で個人用ビザを発給していたが、そこで申請するのは少数派だった。大多数は旅行会社が企画するパッケージツアーに加わるスタイルだった。外国人は両替しても、兌換券《だかんけん》という外国人専用通貨しか手にすることができなかった。そして兌換券を受けとる資格のある店にしか入ることができなかった。兌換券から一般の中国人が使う人民元への闇両替の世界はあったが、多くの観光客は中国がつくった枠組みのなかで旅行をしていた。こうして中国は、和平演変への対抗論理を観光客の世界にも貫こうとした。

しかしベトナムは東南アジアだった。和平演変という建前のために旅行会社を通してのビザにしたものの、観光客に対してやったことはそれだけだった。膝がかくんとなるほど詰めが甘かった。外国人専用通貨をつくるわけでもなく、市内の店はどこでも入ることができた。それどころか、アメリカドル紙幣を堂々と使うことができた。ベトナム戦争当時の南ベトナムのままだったのだ。ハノイの政治局は、社会主義国家建設を声高に語り、総選挙という民主化に走った東欧に矛先を向けたが、やってくる観光客の管理にはさほど関心を示さなかった。ベトナム戦争の戦跡を訪ねるプロパガンダツアーは行っていたが、個人旅行者は放置状態だった。そこまで気がまわらなかったのだろうか。アメリカドルさえ手にすれば、もうそれでよかったのだろうか。

僕はちょっと嬉しかった。中国のホテルのフロントで、何回となく「没有《メイヨー》（泊まれない）」と断られ、食堂では、「兌換券では食事はできないね」と冷たくあしらわれ続けた身には、ベトナムは普通の国に映った。

こういう甘さにすりすりと入り込むのが、バックパッカー体質というものである。彼らの旅人心理のなかには、旅をしにくいエリアに分け入って得意がるようなところがある。その旅が安い費用であがるとなると目の色が変わる。僕もその因子をもっていたから、ベトナムの旅に一気に色めきたってしまったのだった。

当時、僕は『格安航空券ガイド』という安い航空券の価格情報を伝える雑誌の編集にかかわっていた。そのメンバーのひとりに、中村正人君という旅仲間がいた。彼が、飯田橋の喫茶店でこんな話をするのだった。

「ホーチミンシティが面白いことになっています。カオサン化です」

彼はベトナムの旅から帰ってきたばかりだった。

バンコクのカオサンは、アジア一、いや世界一のゲストハウス街になっていた。数えきれないほどのゲストハウスがひしめき、その間を埋めるように食堂や屋台、バーやカフェ、旅行会社、土産物屋、両替屋などが店を出していた。カオサンという地名は、バックパッカーが集まる街の代名詞にもなっていた。

ちょうどその頃、関西空港が開港し、ベトナム航空が乗り入れることが発表されていた。ベトナムの日本人観光客の受け入れは、いよいよ本格的になっていった。中村君と一緒に、関西空港発のベトナム航空でホーチミンシティに行くことになった。一九九四年のことである。

彼に案内されたのが、ファムグーラオ通りに面したヴィエンドンホテルだった。ビル型のホテルで、当時は中の上クラスの印象があった。しかし中村君の説明によると、このホテルには一泊三十ドル、五十ドルといった部屋もあるが、冷房のない一泊十ドルもしないクラスもあるのだという。ホテルの周囲には安い食堂やバーができていた。その数はカオサンには及ばないものの、バックパッカー街が育ちつつあったのだ。厳しい社会主義のシステムのなかで息を潜めていたベトナム人だったが、ドイモイという緩和策のなかで、商魂が一気に目を覚まし、ギアを入れ替えたかのように走りはじめた感覚だった。二年前とは人々が発散するエネルギーが違った。デタム通りは、そこから歩いて二、三分のところにあったが、記憶がまったくない。おそらく外国人観光客向けの店がまだなかったのだろう。

ヴィエンドンホテルのスタイルは中国のホテルに似ていた。和平演変という発想のなかでは、バックパッカー向けのゲストハウスは許可できるものではない。かといって外貨はほしい。社会主義国のホテルは、一軒のホテルのなかにさまざまなタイプの部屋があることが多かった。スイートとかシービューといったカテゴリーではない。共産党幹部用の個室、中堅幹部や夫婦用の部屋、そして若者向けの男女別の大部屋ドミトリー……。そんな区分だった。中国では大部屋がバックパッカー用になった。

ヴィエンドンホテルは、大部屋はなかったものの、扇風機だけがあり、シャワーは水という部屋はあったようで、そこを安さにこだわる外国人旅行者用にしたようだった。

ヴィエンドンホテルは、ホーチミンシティの安宿の草分けだったわけだ。上海の浦江飯店《プージャン》の存在によく似ていた。浦江飯店のドミトリーには、ずいぶん世話になった。

しかし浦江飯店の周辺が、ゲストハウス街に変わっていくことはなかった。ヴィエンドンホテル周辺の変貌ぶりとずいぶん違う。それが同じように和平演変を警戒した中国とベトナムの違いだろうか。

中国の自由な旅への動きはゆっくり進んだ。はじめ外国人が訪ねることができる街、つまり開放都市は大都市に限られていた。様子をみるように、その都市は増えていった。やがて兌換券が廃止され、どの店に入ることもできるようになっていく。宿も一応、どこでも泊まっていいことになったと聞いているが。

国の規模もあるかもしれない。中国の国土は茫漠とするほど広く、ひとつの通達が行きわたるまでには時間がかかる。大躍進運動から文化大革命という道を歩んだ国の人々が、外国人観光客を受け入れていくのは簡単なことではなかった。外国人は和平演変を危惧することでつくりあげられたパッケージツアーという金魚鉢のなかから一歩外に出ると、社会主義の現実に曝《さら》されるのである。共産党の幹部のために国内線の飛行機のルートが変わり、列車に乗ると威丈高な服務員に怒られ、買い物をすると釣りを投げ返してくる。社会主義という理想社会は、中国という国のなかに、新しいヒエラルキーをつくっただけではないかと思えてくる。

しかしベトナムの旅人への開放は、中国よりも急だった。政府もそれなりの手順を踏んではいたが、ひとつの緩和策が打ちだされると、ベトナム人たちは敏感に反応した。中国には、ゲストハウス街など、どこを探してもみつからなかったが、ホーチミンシティのファムグーラオ通りには、タイのカオサンを小ぶりにした街が誕生していたのだ。

ヴィエンドンホテルとファムグーラオ通りを挟んだ向かい側には、旅人向けの安食堂やコーヒー屋台、バーが並んでいた。僕は毎朝、その一軒のコーヒー屋台の低い椅子に座っていた。おばさんとその娘らしい女性が切り盛りする店だった。通りを走るバイクを眺めながら飲むベトナムコーヒーの味は、その頃から刷り込まれはじめた気がする。

感じのいい店だった。おばさんも娘も笑顔を絶やさなかった。アルミ製のフィルターに入ったコーヒーを丁寧にテーブルに置き、僕がぼんやりしていると、「コーヒーはおいしいか」と英語で訊いてくる。札は頭を下げて受けとり、中国人のように釣りを投げ返すようなこともない。

悩んでいた。戦争が終わってから、南部も急速に社会主義化が進んだ。おばさんは配給制度も経験しているはずである。しかしそのふるまいからは、社会主義のにおいがしないのだ。タイの屋台と同じように愛想がいいし、サービスということを知っていた。中国との違いに戸惑い、ベトナム人は社会主義をどう考えているのか……糸口がつかめなかった。

「そぐわないのかもしれないな」

そうも思うのである。社会主義という制度は受け入れたが、人と人との間にあるアジアはなにひとつ変わっていなかった。東南アジアの気質は、勘定高さと絡みあい、イデオロギーをも呑み込んでしまっているかのようだった。

ベトナムの旅行者への開放はさらに進んでいった。

それから二年後、僕は東京の旅行会社のカウンターに座っていた。ベトナムビザの申請だったが、その頃から、陸路を通ってベトナムへの出入国が許されるようになった。しかしそのためには入国と出国のポイントがビザに書き込まれていなければならなかった。中国の南寧《ナンニン》から憑祥《ピンシャン》を通ってベトナムに入り、南部の国境からカンボジアに抜けるルートで申請した。ビザは無事に受けとった。そこには「HUU NGHI QUAN」という中国国境の地名と「MOC BAI」というカンボジア国境の地名が記されていた。

　このビザで中国からベトナムに入った。ベトナム側のイミグレーションの役人は、難癖をつけてなんとか金をせしめようと濁った瞳を向けた。しかしビザに書き込まれている「HUU〜」の文字が効いた。彼らはなにもいえなかった。バイクタクシーに乗り、ドンダンに出た。そこから列車に乗りハノイに出た。そこから南北統一鉄道と名づけられた列車に乗り、ホーチミンシティに辿《たど》り着いた。途中のフエで降りたものの、千七百キロにもなる列車旅はなかなか辛かった。

　ホーチミンシティでは、やはりヴィエンドンホテルのいちばん安い部屋に泊まった。そして毎朝、道を挟んだコーヒー屋台に座っていた。

　周辺の店は二、三倍に増えていた。コーヒーを啜りながら、ハノイ駅を思いだす。駅の運賃表示の前で、僕は考え込んでしまった。一般のベトナム人運賃の隣に外国人運賃の欄があり、そこにはしっかりと三倍の金額が表示されていた。中国も一時期、二倍の運賃を設定していた。しかしその運賃表を掲げるような露骨なことはしなかった。大都市の駅には、外国人専用窓口をつくり、そこで買うと二倍というスタイルだった。ベトナムから眺めると、そのやり方は姑息だったのかもしれないが、はっきりと運賃を掲示するベトナム人の発想は、雑で甘くもあった。こういうことには敏感な欧米人が抗議したら、なんというつもりなのだろうか。いや、なにも考えていないような気がする。それがベトナムという国でもあった。

こんなこともあった。フエからホーチミンシティに向かう夜行列車のなかだった。車両には二台のビデオモニターが備えつけられていた。発車してしばらくすると、そこにトム・クルーズ主演の『カクテル』という映画が映しだされた。少し前に、日本でも封切られた映画だった。しかし音声はまったく聞こえなかった。ベトナムの列車はそれほど速くはないが、騒音だけは大きい。僕が座る車両は冷房がなかったから、吹き込む風の音も耳にうるさい。そのせいなのかもしれなかった。

「ベトナムでもトム・クルーズか」

少し戸惑いながら、音が聞こえない映画を観続けた。

日も暮れた時刻、再びビデオモニターが明るくなった。別のビデオか……と身を乗りだしたのだが、画面に映ったのは、また『カクテル』だった。周囲を見まわすと、列車の車掌や職員が何人もいた。食堂車のコックのおじさんは、小さな椅子まで持参し、通路に座ってビデオを観はじめていた。夕食時間も終わったらしい。仕事も一段落。ビデオでも観るか。そんな雰囲気だった。

そのとき、突然、「ブチッ」という音が車内に響き、画面に水着姿の欧米人の女性が飛びだしてきた。

「ん？」

ビデオはアメリカの水着コンテストを集めたものだった。画面の右隅には、ハワイとかボストンといった地名が映しだされた。Tバック姿の女性が腰をグラインドさせ、やけに大きなバストをこれみよがしに揺する。すると、通路にいた職員やコックたちの間から歓声が起こった。

「……」

彼らはこれを観にきていたのだ。誰かが列車のビデオ係に、「これはすごいぞ」とテープを渡し、映しだす時刻も決めてあったのだろう。

ビデオは二十分ほどで終わった。そして再び、「ブチッ」という音とともに、『カクテル』に戻ったのだった。トム・クルーズの顔が映しだされると、コックのおじさんは腰をあげ、職員たちはもち場に戻っていった。彼らは列車のなかで、こんなことをしていたのである。

「やっぱりなにかが違う」

ファムグーラオ通りでバイクの波を見つめながら考え込んでしまうのだ。社会主義の国だから、アメリカ女性の水着コンテストを観てはいけない、などといっているのではない。たしかに党の幹部が目にしたら、眉間《みけん》に皺《しわ》ぐらい寄せるかもしれないが、ベトナム人のなかには、なにか別の文脈があるような気がしてならないのだ。イデオロギーを無視するような無邪気さがある。この国の政治にかかわれば、そんなのんき気な話はできないのかもしれないが、少なくとも、旅人の目にはそう映るのだった。笑顔を忘れない、コーヒー屋台のおばちゃんに接すると、やはりそう思ってしまうのだった。

答えは出そうもなかった。

毎朝飲んだコーヒーの味は、そんな戸惑いと絡みあいながら僕のなかに刷り込まれていった。

ファムグーラオ一帯は、膨張し、ヴィエンドンホテルの裏手には、ミニホテルというスタイルの安宿が生まれていた。ホーチミンシティの繁華街では、狭い敷地に四、五階建ての家を建てるスタイルが多かった。各階には、一、二部屋しかない。それをそのまま宿にした形式だった。このスタイルがやがて、この街のゲストハウスになっていった。

デタムという通り名を耳にしたのは、それから、一、二年後のことだったように思う。ベトナムの雑貨が、日本人の若い女性の感性をくすぐり、旅行者が急に増え

ヴィエンドンホテルは気が引けるほど立派になってしまった。訊いてみると満室。もう僕には縁のないホテル？

ヴィエンドンホテルの向かいの公園。かつてここにゲストハウスや安食堂があったことを知っているのは、おじさん旅行者の証

ていった。当然、安宿派も増え、彼らがデタムという地名を頻繁に口にしたのだった。ホーチミンシティ在住の日本人に訊くと、ファムグーラオ通りの北側が公園になり、そこにあった宿や店が、歩いて二、三分のデタム通りにぞろぞろと移転したのだという。市の方針である区画がそっくり公園になることは、社会主義圏では珍しくなかった。しかしすぐ、その近くに、ゲストハウス街が生まれるのはベトナムらしい気がした。

いつ頃からか、デタム通りのゲストハウスに泊まるようになっていた。どこか公務員的な反応が鼻につくヴィエンドンホテルより、はるかに気さくで、気持ちがよかったからだ。

しかし、朝の路上コーヒーは変わらない。

そしていまでも、ベトナム人に悩み、コーヒーを啜っている。

日本からベトナムへの週末フライト

週末にベトナムへ——。さまざまな選択肢がある。しかしベトナムの場合、飛行機を決める前に、最初の目的地を選ばなくてはならない。ホーチミンシティかハノイかという問題である。ふたつの都市を一気にまわることも可能だが、週末旅に限定するとやや無理がある。

旅行商品のラインナップを見ると、ホーチミンシティは自由旅行型、ハノイはパッケージツアー型といえるかもしれない。ホーチミンシティに見どころがないわけではないが、誰もが訪れる決定的な名所があるわけではない。路上を埋めるバイクに圧倒され、ベトナムコーヒーを啜り、ドンコイ通りのギャラリーをのぞくような自由な旅に向いている。

ハノイは歴史の街だけあって、見学向きの建物が多い。水上人形劇やハロン湾など、団体向けの観光地が多い。パッケージツアーが多くなるのは、そのためだろうか。

日本から両都市へ運航する飛行機は多い。

比較的運賃も手頃な直行便は、両都市ともベトナム航空になる。ホーチミンシティへは成田と関空から毎日、便がある。名古屋、福岡からも就航している。ハノイへも成田、関空、名古屋、福岡からの便がある。

ベトナム航空のメリットは、オープンジョーやベトナム航空の国内線も、一都市単純往復とあまり変わらない運賃で利用できることだ。日本―ホーチミンシティ―ハノイ―日本といった周遊型の航空券では、絶対の強みをもっている。日本―ホーチミンシティ、ハノイ―日本といったオープンジョー航空券も手頃な値段だ。

ベトナム航空以外の直行便では、日本航空と全日空が、ホーチミンシティとハノイに就航している。シーズンによっては、かなり運賃が下がることもある。

直行便の席がなかったり、運賃が高い場合の選択肢は、ソウル、台北、香港、上海、広州などで乗り継ぐ、アジア系航空会社を使うことになる。韓国のアシアナ航空や大韓航空、台湾のエバー航空やチャイナエアライン、香港のキャセイパシフィック航空、中国の中国東方航空や中国南方航空などだ。韓国系、台湾系、香港系の航空会社は、乗り継ぎ時間を少なくするスケジュールを組んでいて、直行便と比べても、それほど時間がかかるわけではない。運賃も手頃な

ホーチミンシティのタンソンニャット空港。いまでも悪質ドライバーの活動拠点

ベトナムに行くなら、やはりベトナム航空？　帰りの夜行便はちょっと辛い

価格に抑えられている。

中国系航空会社は、ときにかなり安い運賃になることがある。しかしよく調べると、乗り継ぎ時間が十時間近くになることもある。まずスケジュールを確認することだろうか。

アジア系航空会社では、マレーシア航空、タイ国際航空、シンガポール航空といった選択肢もある。日本からは遠まわりになってしまうが、運賃的に高いわけではない。ただ同日着となるとやや辛い面もある。週末旅を考えたときには、運航スケジュールを確認してほしい。

LCCを使う方法もある。しかし、ベトナム行きのLCCは、クアラルンプールからのエアアジア、バンコクからのエアアジアとベトジェットしかないのが現状だ。羽田と関空を出発するエアアジアでクアラルンプールに向かい、そこでやはりエアアジアでホーチミンシティやハノイに着くルートが、ベトナム行きとしては最も安くなることが多い。ただし往路は同日着は難しい。日数に余裕のある人向けになってしまう。

二〇一二年、ベトナムに就航したベトナムのLCC、ベトジェットは、今後、近隣国へのフライトを増やしていきそうだ。台北やソウルに乗り入れてくれれば、LCCを乗り継いでいくルートができあがる。スケジュールにもよるが、就航がはじまれば、ベトナムへ安く、それほど所要時間がかからずに着くことが期待できる。

ベトジェットは勢いのあるLCCだから、台北やソウルへの乗り入れも、そう遠いことではないと噂されている。

第二章

五千ドン、二十五円の路線バスがホーチミンシティの足になる

街が変わっていく瞬間というものがある。たとえば地下鉄や高架電車が走りはじめるときだ。それまで市民の足という役割を担ってきたバスやタクシー、バイクタクシーの間に緊張が走る。客が減ってしまうのか……。戦々恐々と客の流れを見つめる。

ホーチミンシティの市内の足には、そんな劇的な変化はなかった。はじめてこの街を歩いた一九九〇年代の前半、街にはバス、タクシー、車、バイク、自転車力車であるシクロ、そして自転車が走っていた。しかしその構成は、いまとずいぶん違った。路上を埋めるバイクは多かったが、車やタクシーはそれほど多くはなかった。バスとなるとほとんど目にしなかった。シクロや自転車は、いまに比べるとかなり多かった。当時、女子高生の制服は白いアオザイで、自転車にまたがる彼女たちの姿をよく見かけた。幅の広い裾がチェーンにからまって汚れないよう、皆、ゴムでとめていた。下着が透けてしまう白いアオザイ姿はセクシーで、女子高の門前でカメラを構える日本人の写真オタクが問題になったこともあった。

ホテル従業員か土産物店の店員ぐらいしかアオザイ姿を見かけない……いまのホーチミンシティ

最近、白いアオザイ姿が減ったが、それは写真に撮られることを嫌ったわけではないらしい。民族衣装であるアオザイ制服は、女子高生の間では不人気なのだという。生理のときに白いアオザイは大変なのだという話を聞いたこともある。しかしアオザイ制服という伝統をそう簡単に捨てるわけにもいかないようで、いまは月曜日だけが、白いアオザイ制服デーなのだという。

バイクと自転車……。ホーチミンシティの人々の足は、アジア各国の発展型とは少し違っていた。タイやマレーシアあたりは、バイクや自転車の通勤や通学が増えなかった。暑さ嫌いの民族ということだろうか。中国は圧倒的な自転車文化圏だが、台湾はバイクが目立って増えた。ベトナムは中国と台湾の中間ほどに映ったが、そこには社会主義国特有の論理が働いていたように思う。

通勤や通学にバイクや自転車を使うという、一見、堅実に映る市民生活は、ひとつの弊害を生んでしまう。市内バスが発達しないのだ。いくらバスを走らせたところで、乗客が少なければ採算が合わない。いや、それ以前に、バスをもっと走らせようという発想が生まれてこない。タイのバンコクは、通勤にバイクや自転車を利用する人が少ないから、問題はあるものの市内バス網が広がっていった。そしてBTSという高架電車建設につながっていった。ホーチミンシティでその速度を遅ら

ホーチミンシティの道はバイクの川。流れは途切れることがない

せたものが、バイクや自転車だった。

何回か訪ねていると、自転車が減り、バイクが急増していく変化がよくわかった。その勢いに押されるように、自転車力車であるシクロも減っていった。

ドイモイを導入した後、ベトナムは年率七百パーセントを超えるという、とんでもないインフレを経験している。いま旅行者を悩ませる通貨単位の桁の多さを導いた一因である。五千ドンや一万ドンまではなんとか対応できるが、長距離バスの切符売り場で、二十三万六千ドンなどといわれると、紙幣のゼロを何回も数えることになる。慣れるのに数日はかかる。

こういう経験をすると、誰しも紙幣

というものを眉に唾をつけて見るようになるもので、銀行預金より金《きん》に走り、ベトナムの場合にはその対象がバイクにも及んだ。現金をもっているより、物を手にしたほうがいいわけだ。バイクが財産になっていく構図である。ベトナムには、「家を売ってもバイクは売るな」という俗諺《ぞくげん》まである。バイクさえあれば、通勤や通学に使えるだけでなく、商売をはじめることもできた。荷台に売り物を積むような小さな商いだが、紙幣を貯めるよりは将来性があった。そのなかで、ホンダドリームが爆発的に売れていく。やがてホンダはバイクの代名詞になっていく。ヤマハやカワサキも頑張っているのだが、いったん固有名詞化してしまうとなかなか払拭《ふっしょく》できず、「ヤマハのホンダ」などという首を傾げてしまうような表現がまかり通っている。

もちろん車が安ければ、ベトナム人も心が揺れただろうが、車はべらぼうに高く、経済力を考えれば、背伸びをしてもバイクが精いっぱいという時代だった。

道を埋めるバイクの間を縫うように道を渡る日々を続けていたのだが、三、四年前、道に三台のバスが停車しているところを目撃した。デタム通りに近いチャンフンダオ通りに面した歩道だった。そこにはバス停もあった。バスにバス停……。ホーチミンシティでは、バイクの勢いに押されて忘れてしまっていた。いや、よく通るベンタン市場前には、規模こそ大きくないがバスターミナルがあった。視界には入っていたのだ。しかしこの街では、存在感があまりに薄かった。

僕はさまざまな街で市内バスに乗る。しかし、その国で遣われている言葉を話すことができず、文字も読めないことが多いから、勘が頼りということも多い。路線図や風景に注意を配りながら、不安な時間をすごすことになる。グルジアのトビリシ、中国の庫車《クチャ》、サハリンのユジノサハリンスク、パキスタンのペシャワール……これが不思議なことだが、だいたい予想が当たる。正確に目的地に着けることは少ないが、なんとなく近くまでは行けることが多い。

なぜバスに乗るか……といえば、圧倒的に安いからだ。タクシーにぼられるぐらいなら、という場合もあるが、大半は十分の一ほどの運賃で利用できる。

しかしベトナムでは縁がなかった。街なかでほとんど見かけなかった。そして道はバイクで埋まっていたから、そこを走るバスの姿も想像できなかったが、バスはあったのだ。

ホーチミンシティもバスで動くことができるかもしれない。

しかしベトナムではじめて市内バスに乗ったのはホーチミンシティではなかった。ハノイのノイバイ国際空港だった。時間があったので、市内へ向かうバスに乗ってみることにした。バス停まで空港を出て五分ほど歩いた。飛行機を利用する客は、バスなど乗らないといいたげな場所だった。一台のバスが停まっていた。乗り込んで、おや、と思った。車内に冷房が効いていたのだ。それもちょっと寒いぐらいに。ベトナムの市内バスは、冷房など効いていないと勝手に思い込んでいた。

東南アジアのバスは冷房のないバスからスタートすることが普通だった。そのうちにエアコンを備えたバスが登場してくる。もちろん運賃も高くなり、それに乗ってちょっとした優越を味わうという図式があった。それをベトナムにあてはめて、市内バスは冷房などあるわけがないと思い込んでいた。それが、一見、自由主義国に映ってしまうベトナムという社会主義国の盲点だったのかもしれない。この国には市場論理とは別の文脈が流れている。市内バスを充実させるプロジェクトを進めるとき、冷房つきで運賃は五千ドンと採算を度外視して導入してしまうようなところがある。

そこにすりすりと歩み寄るのが、僕のようなバックパッカー体質がしみ込んでしまった旅行者でもあった。

「五千ドン……」

料金箱に皺だらけの紙幣を投入して、つい、にんまりとしてしまうのである。

ハノイのノイバイ国際空港は、市内から約三十五キロも離れていて、普通にタクシーに乗ると、三十万ドン、約千五百円を軽く超えてしまう。それが五千ドン、つまり約二十五円なのだ。六十分の一。これはどう考えても安すぎる。こういう場面では内心は小躍りせんばかりなのだが、「最近のベトナムは物価があがって大変ですよ」といった困り顔をつくるのがバックパッカーの習性である。

市内まで出ることができるだろうか……という不安はあったが、五千ドンのバスは、なんのトラブルもなくカウザイバスターミナルに一時間ほどで着いたのだった。

「これは使える……」

午後のバスターミナルで、ひとり呟いていた。

ホーチミンシティで市内バスに乗ったのは、一昨年（二〇一二年）だった。市内のベンタン市場から空港まで乗った。一五二番という路線バスの終点が、ホーチミンシティのタンソンニャット国際空港だった。やってきたバスはしっかりと冷房が効いていた。飛行機のチェックインがはじまる二時間ほど前に乗ったのだが、一時間で着いてしまった。運賃は五千ドン。タクシーは約十万ドンだから二十分の一である。

外堀が埋まった感があった。これからホーチミンシティの足は路線バスにする。

これで市内移動はずいぶん安くなる。

空港から市内へもバスを使うようになった。ベンタン市場へ向かう一五二番のバスである。車内は寒いぐらいに冷房が効いている。バスはワンマンバスのスタイルだった。運転席脇には、ホーチミンシティの路地裏の汗のにおいが漂う工場でつくられたような券売機が置かれていた。乗り込んできた乗客は、料金ボックスに紙幣を入れる。その裏には、木製バインダーに三種類の切符が挟んであった。大人運賃、学生運賃、子供運賃と分かれているようだった。本来なら運転手が切符を切って渡すのだろうが、慣れた乗客は、自分から切符をとっていく。

なかには一万ドン、二万ドン紙幣しかもち合わせていない乗客もいる。この券売機はすぐれもので、ちゃんと釣りも出るようになっていた。といっても電動とは無縁で、運転手がレバーを押すと街ではほとんど見かけない五千ドン硬貨がぽろんと出てきた。二万ドン紙幣の場合は、運転手がレバーを三回押すシステムだった。

この釣り銭には戸惑う客も多かった。後でわかったことだが、ホーチミンシティの市内バスは、車掌が同乗するスタイルとワンマンバスが混在していた。少しずつワンマンバスに移行しているようだ。

バスはバイクの海をかきわけるように進み、一時間ほどでベンタン市場に到着する。

ホーチミンシティの市内もバスで移動するつもりだった。ベトナム在住の知人が、ベンタン市場のバスターミナル内にあるオフィスからバスマップをもらってきてくれた。カラー印刷のなかなか立派な地図である。品切れ状態になることも多く、最後の一枚だったらしい。表記はベトナム語だが、アルファベットを基本にしているから、地名はなんとなく読むことができる。

デタム通りから一本裏路地に入ったところにあるゲストハウスのベッドの上に地図を広げた。この種のバスマップの見方はだいたいわかっていた。乗り込むバスターミナルに発着するバス番号を選びその路線を番号と路線の色で辿っていくのだ。しかし路線は百以上あるから、似かよった色が多くなり、識別は難しい。バス番号が頼りなのだが、辿っていくと途中でなくなってしまったり、同じ番号が違うところに現れたり……と、とんでもなく難解な地図であることがわかってきた。地図の右隅には、市バスの路線リストが明記してあるのだが、そのなかには、地図にないものもかなりある。それでもなんとか路線を確認しようと、地図の上に視線を這《は》わせるのだが、小一時間ほど、その作業を続けて、天を仰いでしまった。

「これは無理だよ」

何回見ても、何時間見ても、正解が導き出せないバスマップ。困ったものです

「路線を増やしすぎたってことですか」

「もう、バスマップで破綻してる」

「ベトナム人ってそんな頭、悪くないでしょ」

「ただ詰めが甘い……」

阿部稔哉カメラマンと地図を眺めながら呟くしかなかった。しかしひとつの路線は確認することができた。それだけなのか……といわれそうなのだが、一番と振られたバスだった。ハイバーチュン通りの市民劇場あたりを出発するバスなのだが、ベンタン市場を通り、中華街であるチョロンまで走っていた。ベンタン市場のバスターミナルで一番のバスに乗ればいい。終点がチョロンだから、穏やかな心境で座っていればいい。これはホーチミンシティの市内バス初心者のデビュー路線としては適当ではないか。

「明日はまず一番のバスに乗る」

阿部カメラマンに宣言し、ゲストハウスの硬いベッドで目を閉じたのだった。

翌日に、ひとりの日本人青年と待ち合わせていた。僕の甥のS君だった。二十代前半の彼は、ひとりでアジアをまわっていた。ちょうどホーチミンシティで日程が合い、逢う約束をしていたのだった。

約束の時刻に彼はホテルの一階にやってきた。

「実は僕らは取材があって……。もし、よかったら、一緒に行く?」

「邪魔じゃなかったら、一緒に連れていってください。暇ですから」

誘ってはみたものの、返事に一瞬躊躇した。ひょっとして彼は、旅行者が誰も行かないような穴場への取材を期待していたのかもしれない。甥なのである。僕が旅の本を書いていることは知っている。ひょっとしたら、一冊か二冊の本を読んでいるのかもしれない。そんな彼に向かって、これからしようとしていることを伝えていいものだろうか。しかし僕にも旅の日程というものがある。

「あの……市内バスに乗るんだけど」

「はッ?」

やはりそうだった。

「あの……バスに乗るだけですか」

そうなのである。バスに乗るだけなのだ。せっかくアジアの旅に出たのだ。彼にしたら、これからの人生のきっかけをつかみたい旅なのかもしれない。真面目そうな彼は、アジアの現実を若者なりの感性でみつけたいのかもしれない。しかし今日、僕がカメラマンと一緒にしようとしていることは、バスに乗るだけなのだ。

昔、『バスの屋根から世界が見える』という本を書いたことがある。その本に登場するのは、悪路をジャンプしながら走る過酷なバスが多かった。それなら少しは体裁を保てるのかもしれないが、今日、乗るのは、ただ市内を走るバスなのだ。それも一番というバス初心者向けの……。

「旅行作家の取材というものは、こんなものなのか」

彼はそう感じていたのだろうか。しかし四十歳近くも年上のおじが、「バスに乗る」といっているのだ。断りにくかったのかもしれない。

僕らはベンタン市場のターミナルに向かった。

ターミナルといっても、ベンタン市場のそれは、何台ものバスが次々に停車する大きなバス停といった雰囲気である。少し高くなった狭い歩道の上で、皆がバスを待つ。僕はそこで、バスマップを広げた。

「昨夜、このバスマップの解読にそう、一時間以上は費やしたんだよ。これが大変でね。でも一番のバスは、ほら、この道を通ってベンタン市場に来て、それからチョロンに向かう」

S君に説明した。一応、漫然とバスに乗るわけではないことを伝えようと思ったのだ。彼は、「だからなんなの？」といった心の裡《うち》を押し隠し、興味ありげの顔で相槌《あいづち》を打ってくれる。彼は実に優しい青年だった。

バスマップを開く僕らのところに若いベトナム人女性が近づいてきた。

「どこへ行こうとしてるんです？」

みごとな英語だった。外国人が市内バスに乗ろうとしてそのバス番号がわからずに困っているように映ったのだろう。

「チョロンまで行こうと思って」

「チョロンですか。それは五十六番ですよ」

「はッ？」

昨夜のバスマップを前にした格闘はなんだったのだろうか。

「い、一番じゃないんですか？」

「一番？　一番も行くけど、五十六番のほうが便利よ」

前夜に阿部カメラマンに一番に乗ると宣言した手前というものもある。S君にまで、バスマップを広げて説明してしまったのだ。それが五十六番？　親切心から教えてくれたことはありがたいのだが、僕にも一応、立場というものがある。だいたいバスマップには、どの路線バスが便利か……などとは記されていないのだ。

事前に地図で下調べをするという、上京した大学受験生のようなことをしてしまった。それはあまりに日本人だった。やはりここはアジアなのだ。まずバスターミナルまでぷらぷらやってきて、地図で行き先を示して、バスを待つホーチミンっ子に訊くというアジア式泥縄スタイルのほうがいいのかもしれなかった。

しかし最初にやってきたのは一番のバスだった。バスを待っていた人が動きはじめる。いつもはだらだらと歩いているベトナム人が、急に機敏な動きをする。

バンコクと同じだった。まだBTSという高架電車が走る前、市内バスでタイ語学校に通っていた。朝、バス停には次々とバスが停まる。ときに三、四台が縦列で停車する。アジアの人々は律義さには縁のない発想のもち主が多いから、決められたバス停の前に停まって、そこで乗客が乗り降りするような状況にはならない。そ

カメラ目線ではありません。バス目線です。なかなかやってきませんが（ベンタン市場のバスターミナル）

の場所が、バス停の手前二十メートルの地点であっても、いったん停車すると、バス停に停まったことになってしまうのだ。乗客はこの運転手の拡大解釈に対応しなくてはならない。三、四台後ろに停まったバスの番号と行き先を瞬時のうちに見極め、日頃の身の動きからは想像もつかない素早さでバスに向かって走るのである。バンコクに暮らし、タイ人が走るところを見るのは、バス停ぐらいだった。

タイ人のなかには、この朝のバス乗車競争を勝ち抜くために眼鏡を買い、スニーカーを履く人すらいるほどだった。バンコクの市内バスの運転手のなかには、しっかりと停車せず、徐行で停まったことにしてしまう手抜き組もいたから、乗客はバスから飛び降りたり、飛び乗ることを強いられる。走りやすい靴は重要なアイテムだった。

バンコクのバス——。そう思ったとたん、スイッチが入ってしまった。なにしろ足かけ二年、バンコクのバスに鍛えられた身なのだ。めざすバスが近づいてくると足が動いてしまうのだ。ダッシュなのである。五十九歳になっても走ってしまうのである。

運転席脇の運賃箱に五千ドン札を入れた。運転手がボタンを押した。すると運賃箱の横から、するすると感熱紙に印刷された切符が出てきた。これは新式のバスのようだった。

車内はそこそこの混み具合だった。空席もいくつかある。それを目にしてしまうと、五十九歳の体が動いてしまうのである。座席をめざして足早に移動する日本のおばさんのように、ベトナム人の間をすりすりと抜け、席に座った。と、思わぬことがおきた。僕の後を追って乗り込んだ阿部カメラマンとS君を目撃した三人ほどのベトナム人青年がすっくと席を立ったのである。

どういうことなのだろうか。ホーチミンシティの市内バスには、外国人旅行者には席を譲るという不文律でもあるのだろうか。阿部カメラマンは四十代だから、意外にあっさりと厚意を受け入れる。しかし困っていたのはS君だった。生まれてからこの方、バスで座席を譲られたことなどないはずだった。いや、日本のバスでは僕もその経験がない。

心が軽くなる。おそらく、外国人に席を譲るなどというルールはないはずだ。彼らが気を遣ってくれたのだ。ホーチミンシティの道を歩いていても、タクシーに乗っても、こういう関係は生まれない。市内バスという乗り物は、ホーチミンっ子と外国人の溝を一気に縮めてくれる。

三十分ほどでチョロンのバスターミナルに着いてしまった。脇の茶屋風のカフェに座った。別に疲れていたわけではないが、なんとなくバスにひとつ乗り終えた達成感に浸りたかった。

「これから何番に？」

S君が口を開いた。市内バスに乗ることが面白くなってきたのかもしれない。それはいいことだ。

「五十六番に乗ってみるか。あそこに一番のバスは停まっているけど」

「ベンタン市場にまた戻るんですか？」

「……」

彼はさらに市内バスを乗り継ぎ、郊外まで足を延ばすものだと思っていた節があった。僕には世界一周とかユーラシア大陸二万キロといったタイトルの本が多い。スケールは壮大だが、やっていることはセコいという作品が多いのだが、本のタイトルというものは、作者の思惑を無視して、別のイメージを膨らませてしまう。しかし今日の市内バスに乗る旅は、四〜五キロをバスに乗っただけにすぎない。

こういう旅もあることを三十年も前に知った。会社を辞め、ひとりで旅に出た。最初の目的地はベルリンだった。日本料理屋で、田中小実昌《たなかこみまさ》という高名な作家に会った。彼は毎日、ひとつのバスに乗り、終点まで行き、そこからまた同じ路線のバスに乗って帰ってくるという日々をすごしていた。なんでもその日々を、「旅」という旅行雑誌に書くのだという。

そんなことで原稿が書けるのか……と当時、二十七歳だった僕は呟き続けていた。原稿を書いて生きていきたいという思いは燻《くすぶ》っていたが、いったいなにを書いたらいいのかもわからなかった。新聞社に勤めてはみたが、自分が書きたい世界とは違うということがわかっただけで、その先は漠としていた。僕はきっと田中小実昌が羨《うらや》ましかったのだ。

彼を気どったわけではないが、アジアの比較的大きな街を訪ねると、ときどき市内バスに乗って終点との間を往復した。ただぼんやりと車窓を眺めるだけのことなのだが、これがなかなか面白いひとり遊びだった。

しかしその旅を、若者に強要してはいけないのだろう。

地図を広げた。頼りにならない代物であることはわかっていたが、このバスマップ以外に拠り所はなかった。チョロンのバスターミナルを出発するバスの路線を辿ってみる。これといって目を惹く目的地はなかった。ホーチミンシティという街は、中心街のサイゴン大聖堂や統一会堂といったスポットを除くと、これといった見どころのない街である。というより僕自身、地名を知らないのだ。目的地もなくただ歩くには面白い街なのだが、バスに乗って……と思い描くと、なにひとつ地名が浮かんでこないのだった。

S君には悪いがベンタン市場に戻ることにした。少しは別の趣……と考え、バスターミナルのなかで五十六番のバスを探したが、一番のバスが待っているだけだった。

最前列に座ってみた。そこはつい、掌に汗がにじんでしまう席だった。チョロンのバスターミナルを出たバスは、歩兵集団のなかに突き進んでいく重戦車のようだった。歩兵とは、もちろんバイク集団である。ベトナムの女性は日焼けを嫌い、マスクにサングラスにつばの広い帽子を被っている人が多い。腕カバーと手袋はバイクに乗るときの必須アイテムである。遠い昔にヒットした月光仮面のようないでたちの女性もいる。兵士といってもいいような外見なのだ。

バスが信号の手前で停まる。その前には、十列以上のバイクが道幅いっぱいに停まっている。そう百台以上のバイクなのだ。一般的なバスだが、座席は少し高い位置にある。最前列に座ると、フロントガラスの下に頭だけがいくつも見える。バスはバイクに触れんばかりの位置に停まっているのだ。

しかしバイクはエンジンを切って停まっているわけではない。少しでも隙間があ

この状態でバスは進みます。運転手のテクニック……高度です

ると、するすると進んでいく。なかには、先っぽだけ、と女性をくどくような顔つきでバイクの先端を入れ、気がつくと車体の半分ぐらいをねじ込む男もいる。目の前を埋めるバイクは、巣のなかの蟻のように、絶えず動いているのだ。

そして信号が変わりかけると、一斉にアクセルが吹かされ、ハチの巣をついたように、バイクは前方、そして左右に散りはじめる。それを確認して、バスはそろそろと進みはじめるのだが、このときはつい、手や足に力が入ってしまう。バスの横に停まっていたバイクがすっと飛び出してきて、バスの前を横切ったりする。反対車線から入ってきてUターンするバイクもある。路上ではバイクの解放区のように、やりたい放題が繰り広げられるわけで、そのなかをバスは、これまた平然と突き進むのだ。慣れとは怖いものだ。日本の市内バスのドライバーがハンドルを握ったら、接触を気にしてアクセルを踏むことができないかもしれない。

幸いなことに、ベトナムのバイクはあまりスピードを出さない。大きな事故は起きないかもしれないが、接触のレベルまで下げれば、それはもう星の数ほども発生している気がするのだ。そんなことを外国人が気にしても、どうなるものでもないのだが、最前列の席はやめよう……とは思うのだった。

「四十五番」

ベンタン市場のバスターミナルにいるおじさんは、なんの疑問もない面もちで自分の掌にボールペンでそう書いた。

翌朝、ミエンドンに行くことにした。ここには長距離バスのターミナルがある。ホーチミンシティの後、バンメトートというコーヒーの産地に行くつもりだった。そこまでのバスを調べておきたかったのだ。ミエンドンへの足はもちろん市内バスである。

バスマップはあてにしなかった。しかし四十五番のバスを待っていると、係員から伝えられた場所とは違うところに四十五番のバスが見えた。

「あのバス？」

おじさん係員に視線を向けると、首を振った。不安になった。調べるものといったら、頼りないバスマップしかない。開いて見てみると、四十五番はチョロンの南側を走っている。行こうとしているミエンドンとはまったく方向が違う。本当に四十五番でいいのだろうか。こうなったらターミナルのオフィスで訊くしかない……と歩きはじめると、再び係員のおじさんと目が合った。

「そこでバスを待て」

と手で相図を送ってくる。おじさんの手前もある。これはもう信じるしかないか。二十分ほど待っただろうか。四十五番のバスはやってきた。そして問題なく五千ドンの運賃でミエンドンに着くことができた。バスマップにはなんの記載もないバスだった。

帰りは難易度をあげることにした。ミエンドンから、やはり四十五番バスで戻ったのだが、ベンタン市場の終点まで行かず、途中のバス停で降りた。そこから別のバスに乗ろうと思ったのだ。ホーチミンシティのバス停には、停車するバス番号と目的地や途中のバス停の地名が記されている。地名を読んでもぴんとこないが、バスマップで番号がみつかれば予測はつく。本当にバスマップの路線通りに走ると信じきるわけにはいかないが、まあ、とんでもない方向に向かっても、同じバスに乗れば帰ってくることはできる。

バス停上の看板に十九番があった。地図で探してみる。

「これか……。かなり遠くまで行く。サイゴン川を越えてずっと向こうまで……」

「乗ってみますか」

十分ほどで十九番のバスがきた。小走りで乗車口に近づき、ひょいと飛び乗る。ホーチミンシティの市内バスにもだいぶ慣れてきた。

このバスには車掌が乗っていた。おばさんだった。彼女は僕の前で片手を開き、人差し指も立てた。六千ドンということらしい。

「千ドン高い。これは乗りでがあるぞ」

「そう反応しますか……」

阿部カメラマンはそろそろ市内バスの旅に飽きてきたのかもしれない。千ドンは約五円である。いまのホーチミンシティではそれほど価値がない。有料トイレも二千ドンはする。しかしバス運賃の千ドンの差は大きいような気がした。

バスは郊外に向けて走っていった。ビルが少なくなり、下町風情が車窓に広がりはじめる。サイゴン川を越えると工場が多くなってきた。ちょうど帰宅時刻にあたっていて、工場で働く人や学生の乗り降りが繰り返されていく。一時間ほど走っただろうか。道は高速道路のような幅に広がった。道路脇に「AH1」という表示を見かけた。一号線だろうか。この道をひたすら北上していけば、ダナンやフエを通り、やがてハノイに至る国道である。

右手に大きな寺院のような建物が見えてきた。道に沿って、ちょっとした広場が出現し、出店から湯気がたちのぼっている。ドア脇に立つおばさんの車掌が口を開いた。

「終点」

車掌と目が合った。何人かがバスを降りた。

「やっと着いたか……」

僕らもバスを降りた。ところが、バスは数人の客を乗せたまま走り去っていくではないか……。

「……ん？　車掌が『終点』と……」

一緒に降りた阿部カメラマンに説明できるような話ではなかった。ベトナム人のおばさん車掌が、「終点」という日本語を口にするわけがなかった。バス停を探した。そこにはこの場所の地名が書いてあった。「Suoi Tien《スイティエン》」だった。終点でもなんでもなかった。ただ、途中にあるバス停の名前だった。

後でわかったことだが、寺院のような建物は、ホーチミンシティの郊外につくられたテーマパークの入口だった。大きなプールまである巨大なテーマパークで、週末ともなると家族連れや若者たちで賑わうのだという。おばさん車掌にしたら、この先に外国人が訪ねるような場所はないから、きっとこのテーマパークに来たはずと勘を働かせたのだろう。どこまで行くのかもわからずに乗り込んだ日本人であることなど、わかるはずがない。

放置されてしまった。いったいここがどこなのかもわからない。バスマップはあてにならないし、そもそもバス停など表示されていない。近くにいる人に訊くしかなかった。ベンタン市場まで戻りたい……と何人かに地名を示す。皆、ここで待っていればバスがくるというばかりだった。

「ここっていわれても、僕らは市街からきたわけだから……」

「反対車線で乗るってのが筋ですよね」

「ここまできたバスはどれもこの先で折り返すってこと？　乗っていれば、自然と

これがテーマパークの入口。内部には呆然としてしまうアトラクションがぎっしり詰まっているらしい

市街に戻ると……」

「そういうことなんだろうか」

だいたい何番のバスに乗ったらいいのかもわからなかった。悩んだ挙句に近くの歩道橋を渡って反対車線に行ってみることにした。

反対車線でも乗客が待っていた。日は暮れはじめ、バス番号もわかりにくい。しばらく待つと十九番のバスがやってきた。ベンタン市場まで行くのかどうかもわからなかったが、乗ることにした。若い男性車掌だった。

あたりは暗くなり、同じ道を走っているのかどうかもわからなかった。突然、車内が明るくなった。車内の照明がついたのだが、それは一色ではなかった。赤、青、緑……と次々に色が変わっていく。阿部カメラマンと顔を見合わせた。

「まるでクラブだな」

「七色です。ＬＥＤですね。これにロックでもかかれば、本当にクラブですよ」

アジアは不思議である。それから十分もしないうちに、ロックの大音響が車内に流れはじめたのだった。低音が腹にずっしりと伝わるロシアンロックだった。阿部カメラマンが感心した面もちでいう。

「なかなかいいスピーカー、使ってますね」

そういうことじゃないだろ。これは市内バスなのだ。郊外の工場で働く人々が通勤に使っているバスなのだ。実際、誰ひとり通路で踊りはじめる人はいない。降りるバス停が近づくとブザーを押し、黙って降りていく。しかし車内はもう、完全にクラブなのだ。

日が落ちると、ホーチミンシティの市内バスは、クラブバスになることを許されているのだろうか。

ホーチミンシティの市内バスの奥は深そうだった。

ホーチミンシティの空港から市内へ。問われる視力

ホーチミンシティのタンソンニャット国際空港は、悩みの空港だった。本文でもお話ししたように、市内バスに開眼し、いまは穏やかな気分でいるのだが、それまでは、空港から市内へ向かう足をどうするかでいつも戸惑っていた。

空港に乗り入れ、客を待っているタクシーの質が悪かった。相場は十万ドン、約五百円なのだが、なかなかその金額では乗ることができなかった。まず、メーターを使うことを拒み、二十五万ドンなどと吹っかけてくる。メーターを使っても、機械に細工が施してあるのか十五万ドンぐらいになった。降りるときにはチップを要求された。

ある人はおもちゃの紙幣を釣りで受けとってしまったと憤慨していた。とにかくベトナムの紙幣は桁が多い。空港で両替したばかりだから慣れてはいない。そこに付け込まれて、高額の紙幣を渡してしまう人もいた。

それを防ぐには、空港まで客を乗せてきたタクシーに、三階の出発階で乗り込むことだった。市内を走るタクシーでは、ヴィナサン、マイリン、ヴィナタ

クシーが安全だった。このタクシーが客を乗せて出発階までやってくるのを待つわけだ。しかし、なかなかうまくはいかなかった。一階の到着階で客を待っているタクシーの質がよくないことはベトナム人も知っていた。彼らも三階にぞろぞろあがってくるのだった。

彼らはホーチミンシティで、何回もタクシーに乗っているわけで、安全な三社のタクシーを見分ける術《すべ》に長《た》けていた。僕がやってくるタクシーに目を凝らし、

「ヴィナサンだ！」

と、荷物を抱えて走るのだが、タクシーに辿り着いたときには、すでにベトナム人が停車するタクシーの前に立っているのだった。

一時、安全なタクシーのロゴマークやスペルを似せたタクシーも走っていた。このあたりにも注意を払わなければいけなかった。とてもベトナム人には勝てなかったわけだ。

そこで利用したのが一階のカウンターで事前に料金を払うスタイルのタクシーだった。タンソンニャット国際空港の一階には、両替やホテル予約を受けもつカウンターがいくつもあり、そこがこのタクシーも扱っていた。しかし運賃

ホーチミンシティでは、タクシーのロゴを瞬時に読みとらないと生きていけない

は七ドルから八ドルはした。ベトナムドンに換算すると、十四万ドンから十六万ドンといったところだった。悪質タクシーに比べればトラブルはなかった。しかし、やはり高かった。

その後、一階の駐車場の一画で、安全三社のタクシーが待っていることを知った。タンソンニャット国際空港に乗り入れるには、袖の下を払わなければならないというアジアの流儀がはびこっていて、メーター運賃で市街まで行ってくれる安全三社は、一階の到着階に入ることができなかったのだ。

しかし、ときにその場所まで行っても、三社のタクシーの姿がないこともあった。

待っていると、悪質タクシーのドライバーが次々にやってきて、

「二十万ドンでどう？」

などとすり寄ってくるのだった。

いまでも、この状況に変化はない。タクシーで市内まで行こうとすると、アジアの流儀との戦いが待っているわけだ。

観光客のなかには宿泊するホテルに送迎を頼む人もいる。十ドルはかかるようだが、安全であることはたしかだ。しかしこのサービスを受けてくれるホテルは三ツ星以上である。デタム通り界隈のゲストハウス派には無縁の話である。

第三章
ベトナム料理に姿を変えたフランス料理

ベトナム旅行がブームになったのは十年以上前だったと思う。海外でも日本でも、観光ブームというものは若い女性に火がついてはじめて沸き起こってくるものらしい。ベトナムで若い女性の目を惹いたのは雑貨だった。ホーチミンシティのドンコイ通りには、ちょっとかわいい雑貨を並べた店が次々にオープンしていった。ブームに乗ってベトナムへ出かけた女性に会うと、必ずといっていいほど、「野菜たっぷりの食事がヘルシー」と口にした。おじさんに向かって雑貨の話をしてもしかたないということだったかもしれないが、その口ぶりはまんざらでもなさそうだった。

エスニックブームの流れに乗って、日本で店を開いたベトナム料理屋もそんな反応を敏感に察知して、ヘルシーメニューに走っていった。その代表格が生春巻だったろうか。野菜やエビなどを生のライスペーパーでくるんだ料理で、油で揚げず、生の野菜も……というスタイルがヘルシー感をそそった。

この生春巻だが、十年ほど前のベトナムでは、なかなかみつからない料理のひとつだった。レストランに入ってもメニューに生春巻がなかったのだ。たまに市場で目にするのだが、路上で頬ばる料理のイメージはないから、日本人は生春巻の前で立ち尽くすことになった。

理由はベトナム料理の食べ方だった。メニューが多い料理店に入ると、肉か魚というメイン料理を注文することが多かった。すると竹で編んだバスケットに、たっぷりのハーブや野菜とライスペーパー、米からつくった麺などが入って出てくる。これはお代わり自由の、いってみれば基本セット。客はそのライスペーパーに、メイン料理やハーブ、麺などをくるんで食べるわけだ。これがいってみれば生春巻である。そういうものなのだ。

しかし海外では、この基本セットを出すことが難しい。とくにハーブ類は、ベトナムで採れたものでなければあの味は出ない。そこでベトナムの市場で売られていた生春巻が、メニューに載る一品に昇格したように思う。もともと中国料理に、油で揚げた春巻があったから、説明も楽だったのだろう。どこの国で生まれたのかは知らない。しかし、ベトナム以外の国のベトナム料理屋では、メニューの最初の方に、必ずといっていいほど生春巻が載るようになった。

そのうちに、ホーチミンシティのレストランのメニューにも、生春巻が登場してくる。きっと何人もの客から、「生春巻はないの？」と訊かれたのに違いない。市場で売られているものと同じ生春巻では沽券《こけん》にかかわると考えたのか、生春巻の上からさらにシソの葉で巻くなどという工夫を凝らした店もあったが……。かくしてホーチミンシティのレストランも国際化していくわけだ。

ハーブや野菜が盛られたバスケット――。これがベトナム料理と野菜を結びつけていったように思う。ベトナム料理は、器は違っても、ハーブや野菜の山盛りが黙っていても出てくる。フォーという代表的な麺もそうだ。ブンチャーというハノイ生まれのベトナム風つけ麺にも大量のハーブがついてくる。ハーブというのはとにかくかさばる。店によっては麺より存在感がある。世界の料理を見渡しても、野菜は食べても、これだけのハーブが出てくることはそう多くない。この強いインパクトが、ベトナム料理は野菜が多いというイメージを植えつけていった気がするのだ。

一度、日本語がわかるベトナム人と一緒にブンチャーを食べたことがある。茹《ゆ》でた麺とつけ汁、肉だんごなどと一緒に、皿いっぱいのハーブや野菜が出てきた。そこに盛られていたのは、ミント、ドクダミの葉、シソ、キンゾイ、モヤシ、コリアンダーだった。それぞれに薬効があるのだという。ベトナム人の知人はまるで漢方医のように解説してくれた。

〈ミント〉

香りで食欲を出す以上に、消化を助ける。血の流れもよくするので、血圧が高い人は多く食べるといいという。

〈ドクダミの葉〉

ちょっとくせのある味だが、ビタミンCは豊富。腹痛も抑えてくれるという。痔を治すことでも知られている。

〈シソ〉

体の抵抗力を強めてくれる。風邪にも効果があり、頭痛も治してくれるという。

〈キンゾイ〉

日本ではなかなか手に入らないが、シソと同じような効果がある。婦人病、皮膚病、食あたりなどにも効く。

〈モヤシ〉

喉の痛みを抑えてくれる。声のかすれにも効くという。

〈コリアンダー〉

日本ではタイ語のパクチーと呼ばれる機会が多くなってきた。香草である。このにおいが苦手な人もいるが、腸をきれいにする働きがあるという。

こういう話を聞きながら、葉をちぎって麺の上に載せて食べると、体調が整えられるような気になるから不思議なものだ。

しかし、ハーブの薬効を教えてくれた知人にしても、店の主人にいろいろ訊きながら説明してくれただけのことだった。日々、ハーブや野菜を多く食べようと気を遣っているふうでもない。

ひとつの誤解——。ベトナムを何回か訪れ、食事の回数を重ねていくと、そんな思いが頭をもたげてくる。たとえばベトナムにはぶっかけ飯といわれるものがある。東南アジア全域にあるスタイルだ。トレーのなかにできあがった料理が並ぶ。それを二、三品指させば、ご飯の上に載せてくれるスタイルである。以前のホーチミンシティでは、丼飯の上に載せてくれることもあったが、最近では皿の上にご飯を盛り、その上におかずを載せることが多くなった。

トレーに入れられた十品ほどの料理を眺める。野菜を使った料理もあるが、メインは肉か魚である。

親しくなったベトナム人と食事をする。ホーチミンシティの中心街。近くで働くサラリーマンやOLで賑わう店だった。入口で注文を伝え、テーブルに着くと、ほどなくして料理が運ばれてくる。昼どきは相席になることも多い。彼らの注文した料理を見ると、やはり、肉や魚が多い。漬物などの野菜も頼むが……。

ベトナムで長距離バスに乗ると、運賃に食事代が含まれていることがある。夜の七時頃、契約した食堂にバスが停まり、数人ずつでテーブルを囲む。料理は注文制ではなく、一般的な料理をテーブルに並べてくれる。炒めた肉、魚、卵焼き、茹で野菜、スープ……といったところだ。炒めものには野菜が入っているが、ごく一般的な量である。

ホーチミンシティの食堂やぶっかけ飯屋では、テーブルの上に、ハーブや野菜を盛った皿が置かれていることも多い。人によっては、そのなかの葉を二、三枚、ちぎって載せる人もいる。しかし多くは、そこにあるハーブをかじる程度なのだ。長距離バスの食事にしても野菜をとりたてて多く食べるわけではない。

タイやカンボジア、マレーシア、ミャンマーといった国の料理と比べても、野菜が多いという気がしない。

フォーと一緒に出てくる、ハーブや野菜盛りの存在感が大きいのかもしれない。しかしラオスやカンボジアでも同じように食べるし、タイのそばは最初からかなりの量の野菜が入っている。

ひとつ、ひとつ比べていってみると、ベトナム料理が、特別に野菜が多いようには思えないのだ。

フォーやライスペーパーで巻く料理についてくる基本セットの印象が強く、海外のベトナム料理屋での定番料理である生春巻が追い打ちをかけ、ベトナム料理は野菜が多く、ヘルシーという意識が外国人に定着していった気もする。この感覚に、いちばん戸惑っているのが、当のベトナム人かもしれない。

しかしベトナム人に混じって食事をしていると、思わぬところで、タイやカンボジア、ラオス、ミャンマーといった東南アジア諸国とは違う顔が浮かんでくることがある。

ある日、ベトナム人と一緒に昼食をとった。ハイバーチュン通りに面した定食屋風の店だった。入口で注文をして二階にあがった。近くで働くベトナム人サラリーマンたちが次々に入ってくる。テーブルには肉料理や炒めものなどが並んだ。ご飯が入ったボウルも運ばれてきた。ベトナム料理はご飯に合う料理が多い。太るな……と思いながら二膳も食べてしまった。

と、店員が中サイズの甕《びん》に入ったものをもってきた。

「デザートですよ。この店は必ず食後に出るんです」

「デ……」

「ヨーグルトですよ」

「ヨ、ヨーグルト？」

「そうですよ」

「ベトナムでは食べるんですか」

「そうですよ。昔から」

東南アジアはもともと乳製品をあまり口にしない食文化圏だと思っていた。二十年以上前に、僕はバンコクで暮らしていた。一歳と三歳の娘は、近所のタイ人向けの幼稚園に通っていた。入園前、毎朝、持参するもののリストを渡された。歯ブラシ、着替え、ベビーパウダー、石鹼、タオル、トイレットペーパー一巻、牛乳――。当時のタイでは、牛乳は高級品だった。幼稚園に子供を通わせる家は、タイのなかでは裕福な階層だった。牛乳はその象徴だった。といってもパック入りのロングライフ牛乳だったが。

大人たちに牛乳を飲む習慣はなかった。身近な乳製品はコンデンスミルクだけだった。たまにスーパーで牛乳を買うことがあったが、三回に一回ぐらいは腐っていて飲むことができなかった。牛乳はあっても、冷蔵輸送や保存が難しかったのだ。東南アジアは暑いエリアである。

チーズやヨーグルトといった発酵系の乳製品も縁がなかった。高級スーパーには置かれていて、たまに買うことがあった。一度、訪ねてきたタイ人にヨーグルトを勧めたことがあった。彼はスプーンですくって、ひと口食べると、

「ナオ（腐ってる）」

といってスプーンを置いてしまった。東南アジアの人々は、高温多湿という気候のなかで生きているためか、食べ物の腐敗に対して敏感だ。一度、腐っていると思うと、絶対に口をつけようとはしないところがある。ヨーグルトの味は腐敗に分類されてしまった。

タイもその後、食べ物の欧米化が進んでいる。バンコクの人々の味覚は、ホーチミンシティの人より欧米に近づいている気がする。若者は平気な顔でチーズを食べる。しかし相変わらずヨーグルトは苦手らしい。あの酸味が腐敗と結びついてしまっている気がする。

しかしホーチミンシティの人々には抵抗感がない。それどころか好きの領域にヨーグルトがあるらしい。

「ヨーグルトっていえば、『フォー24』っていうチェーン店にも、セットメニューがあったような……」

気になったので後日、入ってみた。僕のような年齢になると、どうしてもチェーン店を毛嫌いしてしまう。ここ数年、ホーチミンシティでは急増していることはわかっていたが、一回も入ったことがなかった。「フォー24」という店は、二十四時間営業という意味もあるのだが、フォーという麺は朝か昼の食事ではないか……という思いもあった。

メニューを眺めると、たしかにセットがあった。フォーボーという牛肉のフォーに、生春巻、ドリンク、デザートが含まれていた。デザートは、タロ芋のスイーツ、プリン、ヨーグルト、アイスヨーグルト、ゼリーから一品を選ぶシステムになっていた。これで八万四千ドン、約四百二十円ほどである。ヨーグルトを頼んでみた。壜入りのそれは、定食屋で出されたヨーグルトと同じ味がした。酸味は控えめで、果物の風味が加えられている。

フォーとヨーグルト——。頭のなかではつながらないとり合わせだった。しかしベトナム人の味覚には、しっかりと刷り込まれたものらしい。

フランスか……。

ベトナムの植民地化がはじまったのは一八五八年だった。一八八七年にはフランス領インドシナ連邦が成立している。第二次世界大戦後、ディエンビエンフーの戦いでのフランスの敗北を受けたジュネーブ休戦協定で、ベトナムは南北に分断される。そしてアメリカの介入と戦乱は続くのだが、ベトナム南部に限れば、フランスの影響は一九七五年のサイゴン陥落まで続くことになる。その期間は百年以上に及んだ。いまのベトナムはサイゴン陥落から四十年ほどしかたっていないわけだから、ホーチミンシティの近代は、フランスに支配されていた期間のほうがまだ長いのだ。ベトナムを植民地化したフランスは、さまざまなものを残していった。その多くは負の遺産として残ってしまっている。植民地化されたアジアやアフリカの国々は、その枠組みのなかにいるのだが、支配したヨーロッパの国々の風土が少なからず投影されている。旅行者の目に入るそれは、街の構造や言葉、建物や料理ということになるだろうか。

フランスはホーチミンシティを、パリのような街にしたかったらしい。シャンゼリゼ通りを真似てマロニエの木を植えたのは有名な話だ。それはフランス支配の象徴だったのだろうが、その葉は強烈な日射しが降り注ぐホーチミンシティの街路に日陰をつくってくれるはずだった。フランス人たちは本国から届いたワインを飲みながら最高のアイデアと膝を叩いた気もする。

しかし高温多湿のホーチミンシティである。パリから見れば、一年中が夏のよう

「フォー24」のセットメニューのヨーグルト。やや幼稚な甘さがするが

な土地では、マロニエの生長は驚くほど早かった。ぐんぐんと高くなり、二、三十メートルの高木に育ち、なぜか葉は先端のほうにしかつかなかった。

「これがその並木ですよ。木が並ぶだけで、日陰はどこにもありませんよ」

ひとりのベトナム人と高木を見上げた記憶がある。

フランス人は街づくりの詰めは甘かったかもしれないが、料理は残していった。これはイギリスの植民地との違いだとよくいわれる。アジア、アフリカの人々にしても、フィッシュ・アンド・チップスをテーブルにどんと置かれても、顔がこわばるだけだった気がする。イギリス料理といっても、代表する料理の評価は高くないから、結局は、なにも残らなかったということだろうか。味覚でいえば、アジアの人々のほうが数段、センスがあることは皆が認めるところだろう。

ベトナム人の味の感覚に、ヨーグルトがはまったということなのかもしれなかった。

ベトナムに定着したコーヒーとバゲットもフランスがもち込んだものだった。

コーヒー豆をもってきたのは、ひとりのフランス人宣教師だといわれている。植民地時代にコーヒーの栽培は一気に広まっていく。フランス人が飲むコーヒーを、ベトナム人も覚えていったという構図である。淹れ方もフランス式だ。豆は深く煎《い》り、アルミやステンレスの容器に小さな孔をあけたフィルターもフランスで生まれたものだった。抽出に時間がかかり、淹れられたコーヒーはかなり濃くて苦い。そこでフランス人は、多めの牛乳を入れ、カフェオレとして飲んでいた。ベトナムでの問題は牛乳だった。保存が難しかったのだ。その代用として使われたものがコンデンスミルクだった。フランス人には不満が残っただろうが、ベトナム人はあの甘さも好んだ気がする。かくしてフランスがもち込んだコーヒーは、最後の部分でベトナム化が施されて、濃くて甘いベトナムコーヒーが定着していったように思う。

バゲットももちろん、フランスがもち込んだ。もともとはパン食の文化がなかったエリアに、突然、フランスパンが入り込んできたわけだ。ベトナムに暮らしたフランス人たちは、本国流に食べていたのだろうが、きっとベトナム人はもの足りなかったに違いない。バゲットに切れ目を入れ、そこにレバーペーストを塗り、ハム、玉ネギ、唐辛子、酢漬け野菜、ミントやコリアンダーを挟み、最後にヌックマムという魚醤を振りかけるバインミーというベトナム風サンドイッチをつくりあげてしまった。フランス人にしたら、彼らが誇るバゲットに魚醤をかけるとは……と収まりのつかないものがあったかもしれない。最高級のコシヒカリにケチャップをかけて食べる場面を目にした日本人のような心境だろうか。

バゲットそのものの味も、フランス人にしたら、ひとこといいたかったのかもしれないが、バインミーまでベトナム化すると、諦めるしかなかった気もする。バゲットも最後のところでベトナムの食べ物になって広まっていった。

僕のホーチミンシティでの朝食は、だいたいがコーヒーとバインミーである。バイクに埋まった道を眺めながら、

「ベトナムの朝だな……」

などと呟いているが、実は本来のベトナムの朝食というわけではない。フランスというフィルターを通過したというより、フランスがもち込んだものにベトナムという味が最後に加わっただけのものだった。

ヨーグルトにコーヒー、そしてバゲット……。ベトナムに百年以上居座ったフランスが残した料理は、デザートや朝食のレベルではなかった。

ある夜、ホーチミンシティ在住の日本人と夕食を共にすることになった。「動くバイクをみることができる食堂がいいかな」という勝手な要望を知人は聞き入れてくれて、デタム通りに近い貝料理屋に行くことになった。なんでもそこには二、三軒の貝料理屋が並んでいるのだが、そのうちの一軒が異常な人気なのだという。

たしかに店は混んでいた。一階と二階に低いテーブルが並んでいたが、そこはす

これがバインミー屋台一式。さまざまな注文に即座に応じる優れもの構造

でに満席で、歩道にテーブルが出されていた。入口に置かれた貝を指さし、調理法を伝えるシステムだった。ホタテにカキ、巻き貝……ムール貝に似た貝はタインホワというのだという。周囲を見まわすと、圧倒的に女性客が多かった。そして必ず、バゲットも一緒に注文していた。

貝とバゲット……。おそらくベトナム風に調理されているであろう貝料理とバゲットの折り合いがどうしてもつかなかった。日本でいったら、アサリの酒蒸しをフランスパンで食べるようなものではないか。食べることができないわけではないが、ミスマッチのような気もする。

次々に料理が運ばれてきた。テーブルは低く、椅子は風呂のそれである。しかし並びはじめた料理からはヨーロッパのにおいが漂っていた。

「カキはチーズ焼き……ホタテはバター」

「そうなんです。ベトナム人は貝をこうやって食べるんですよ」

皿に盛られたムール貝もどきが運ばれてくると、僕の意識はベルギーのブリュッセルに飛んでいってしまった。いや、フランスのマルセイユか……。ブリュッセルはパリからそう遠くない。連休になると、列車に乗ってブリュッセルに貝を食べに行こうか……と思うほどの距離である。

カキのチーズ焼きにバゲット。
テーブルの上だけマルセイユ？

おそらくパリに比べれば、料理の値段も安いのだろう。小便小僧の小さな像がある界隈には、そんな料理店がぎっしりと軒を連ねていた。フランス人たちは、そのテーブルに陣どり、バケツのような器で出されるムール貝とバゲット、そしてワインの前で笑顔をつくっていた。

マルセイユを訪ねたのは、季節外れの冬だった。港に面した店の多くは閉まっていたが、ビニールで覆った仮設テント店が、ストーブを焚きながら営業していた。そのとき、僕とカメラマンは、ユーラシア大陸の東端から西端まで列車で向かうという旅の途中だった。残す国はスペインとポルトガルだけである。ここまで辿り着いたお祝いに、生ガキ、ムール貝、エビなどが氷の上に載ったセットを頼んだ。二十四ユーロ、約三千円もした。

「ここではムール貝も生で食べるんだ」

そんな会話を交わしたが、隣に座った女性のふたり連れは、白ワインで蒸したムール貝を注文していた。ニンニクとハーブの香りが湯気と一緒に漂ってくる。やはりムール貝は白ワイン蒸しだと思ったものだった。

排ガスが漂うホーチミンシティの歩道に広がる店のムール貝もどき料理が、きちんと白ワインで蒸されているのかはわからない。しかしニンニクのほどよい香りが貝を包み、その上に載せられたバジルが食欲をそそる。横には安物のプラスチック皿にバゲットが置かれている。こうなると、やはりブリュッセルやマルセイユだった。

ムール貝を口に放り込み、バゲットをちぎる。そっくりというわけではないが、ムール貝はヨーロッパのそれにかなり近い味だった。この店は大衆店だからワインなどは置いていない。サイゴンビールということになるのだが、ベトナム人はこういう料理を、あたり前のベトナム料理のように食べているのだった。

ホタテやカキにも手を伸ばしてみた。タイでも現地人向けの海鮮料理店で、ホタテのバター焼きは見かける。しかしカキは卵でからめるか、生が一般的だ。チーズ焼きには出会ったことがない。一般に東南アジアの人たちは、ピザでしかチーズに出合っていない気がする。カキとチーズという組み合わせに触手が伸びないのだ。しかしベトナム人は違う。フランス植民地時代に、チーズの味をしっかりと刷り込まれている気がする。

貝料理のひとつ、ひとつに、ヨーロッパのさまざまな風景が浮かびあがってくる。

「この店の締めはね、貝の入ったお粥《かゆ》なんですよ。これが絶品でね。韓国にアワビ粥があるけど、あれよりうまいですよ」

粥——。そこで世界は一気にバイクの音がうるさいホーチミンシティの路上に戻っていく。ムール貝やカキのチーズ焼きをバゲットで食べ、そして最後にアジアの定番料理である粥。一級のヨーロッパやアジアの料理が安っぽいプラスチック容器のなかで躍っている。それがベトナムという国の食文化のようだった。

貝料理を食べながら、僕はそんな話を知人に伝えた。すると彼はこんなことをいうのだった。

「だったら下川さん、フォー屋でビーフシチューも食べなくちゃ。それにベトナムカレーもある」

なにッ、まだあるのか。

フォー屋にはフォーしかないと思っていたが、メニューのなかにビーフシチューがあるのだという。カレーはフランス料理と結びつかなかった。パリにフランス式のカレー屋はあっただろうか。

このシリーズの前作は、『週末台湾でちょっと一息』である。そのなかで僕は夜市の屋台で出されるカレーを食べていた。なつかしい戦前の日本のカレーだった。日本が出版された後も、二回ほど台湾を訪ねていて、そのたびに、一回はカレーを食べていた。

台湾のカレーは、このエリアを支配した日本が残したものだが、ベトナムのそれは、フランスかもしれない。

翌日の夕方、連絡が入った。知人は仕事が終わった後、バイクでホーチミンシティを走りまわってくれた。何軒かのカレー屋は、すでに店を閉めてしまっていたという。どうも昼がメインの店らしい。

「ビーフシチューは？」

「それは簡単ですよ。フォー屋でボーコーというメニューがあればいいんですから」

ボーは牛肉のことである。フォーボーといえば、牛肉のフォーということになる。コーはスープといった意味だろうか。

その店はチャンフンダオ通りに面していた。入口に扉はなくテーブルが三、四個という街角のフォー屋だった。壁にペンキで、「BO　KHO」と書いてある。ビーフシチューも売りもののひとつらしい。一杯がバゲット付きで三万六千ドン、約百八十円ほどである。

フォーの丼のような器に入れられて出てきたものは、上からパラパラと青ネギを散らしてあることを除けば、ビーフシチューそのものだった。ベトナム人たちは、フォーを食べるときのようにハーブの葉を散らし、ライムを搾り入れるようだ。なかにはフォーの麺を入れてもらう人もいるらしい。そういうベトナム的なバリエーションはひとまずおいておき、なにも加えずにシチューを啜ってみた。

「……」

「どうですか？」

ベトナム在住の知人に訊かれた。

「ビーフシチューです」

あたり前な話だが、そうとしか答えられなかった。日本で食べるビーフシチューとほぼ同じ味だった。くどくはなく、牛肉のうまみもしっかり出ている。違うのは値段だけだった。日本のそれは千円を超えるように思うが、ベトナムでは約百八十円なのだ。

「そうでしょ。ビーフシチューでしょ。なかなかおいしいんですよ。バゲットと一緒に口にすれば、ヨーロッパのレストランと変わらないかもしれない。ただ、日本人にはあまりすすめられないんです。あまりにビーフシチューですから。ベトナムまできて、どうしてビーフシチューを食べなきゃいけないんだっていう人もいるはずですから」

ボーコーと呼ぶビーフシチュー。180円で本格的な味。ベトナムの実力？

ボーコーの店には、フォーボー（写真中央）、つまり牛肉のフォーがある。必ず

フォーボー、つまり牛肉のフォーには、しっかりと煮込んだ牛肉が使われる。その牛肉を煮込む要領で、ビーフシチューをつくっているのだろうか。仮にフォーボーがもともとあるものだとしたら、それを目にしたフランス人が、シチューづくりを思いついたのかもしれない。そしてフランス人が姿を消した後も、フォー屋のメニューとして定着していったということだろうか。

帰宅を急ぐバイクの灯を眺めながら、ビーフシチューを食べた。温めたバゲットによく合う。暑いホーチミンシティの空気が、十度ほど下がり、器がシチュー皿に代わったら、ヨーロッパのレストランのテーブルである。じっくりと煮込んだ牛肉はほろほろと崩れていく。

……待てよ。フォーボーがベトナムの庶民料理として定着したのはいつ頃なのだろうか。東南アジアは、基本的に豚肉文化圏だと思っている。ベトナム人がご飯と一緒に食べる料理は豚肉が多い。しかしフォーはフォーボー、つまり牛肉のフォーが一般的だ。以前、ホーチミンシティで、フォーもフランス料理の影響を受けていると聞いたことがある。それは牛肉をしっかり煮こむという料理法のことをいっているのかもしれなかった。

いや……麺の想像力は中国に飛んでいく。中国や台湾では、牛肉麺が市民権を得ている。思いは、てかてかと蛍光灯を反射するフォー屋の金属テーブルの上を、さまよっていくのだった。

ホーチミンシティの麺料理で米の七変化を味わう

バゲットがいろいろな店のテーブルに顔を出すベトナムだが、主食、といったらやはり米だ。そしてその米を、形を変えてさまざまな食材にしてしまうベトナムの食文化は、東南アジア一だと思う。

ベトナムの麺の代表といったらフォーである。本場はハノイで、牛肉を載せたフォーボーと鶏肉のフォーガーが一般的だ。ホーチミンシティを中心にした南部にはフーティウという麺もある。麺といっても乾麺なので、フォーに比べるとコシがある。

これらの麺はすべて米からつくられる。米を砕いて米粉にし、そこに水を加えて練り、麺状にしていく方法が基本だ。

しかし、ベトナムで最もよく目にする麺といったらブンである。生春巻を食べると、なかに白い麺が入っているはずだ。それがブン。日本の麺でいうとそうめんやひやむぎに近いだろうか。

このブンもやはり米粉からつくられる。米粉に水を加えて白濁した液体にする。これを寝かせて発酵させ、練り込んだ後で麺にしていくわけだ。

このブンの用途は広い。そのまま汁に入れて食べることもある。ホーチミンシティのブンチャー、ハノイのブンダウマムトムがそれだ。サラダに入れたり、揚げて食べることもあるという。本文でも紹介している基本セットにもブンは入り込む。山盛りのハーブや野菜、そしてブンにライスペーパーが入っている。

まず、ライスペーパーを掌に載せ、その上にメインのおかず。そしてブンとハーブや野菜などを載せ、くるんでいくわけだ。最初はなかなかうまくいかないが、近くのベトナム人の手の動きを見ているうちになんとなく形が整ってくる。近くにいるベトナム人が、巻き方を教えてくれることも多い。

と、ここまで紹介した麺は、そのすべてが米麺である。

そしてそれをくるむライスペーパーもまた、米からつくる。米粉を水で溶き、型に入れて、最後は乾燥させる。地方に出ると、編んだ竹の上で日に干されているライスペーパーをときどき見かける。

つまり、米からつくったライスペーパーで、米からつくった麺を包むわけだ。

このライスペーパーだが、菓子にもなる。普通のライスペーパーより薄めにし、乾燥させたものが袋に入って売られている。一見、紙のようにも映ってしまう。ここにライムや唐辛子の粉をふりかけて食べる。ライスペーパーを口に入れると、唾液でしだいに柔らかくなっていく。いってみればベトナム版のせんべいみたいなものだろうか。

もちろん、ベトナム人は米から酒もつくる。日本酒のような醸造酒は見かけないが、米を原料にした焼酎はときどきスーパーに並んでいる。

麺、ライスペーパー、そして酒……。米の七変化といったらいいだろうか。

これほど、米から形の違うものをつくり、食のバリエーションを広げている民族はほかに知らない。

第四章

チョロンからはじまった「フランシーヌの場合」世代の迷走

五年ほど前、ホーチミンシティの中華街であるチョロンを訪ねたことがあった。これまでもチョロンは何回か訪ねていた。ホーチミンシティという街は、それほど見どころが多いわけではない。市内をざっとまわり、さて……というところで、訪ねるポイントが思い浮かばない。そんなときはチョロンに向かった。女性のなかには、チョロンでアオザイをつくる人もいたが、僕には縁のない世界である。しかしチョロンは、街歩きができる。路地裏から漂うアジアのにおいや、市場に弾《はじ》けるエネルギーのなかに身を置くことができた。

そのときはベトナム人の知人が一緒だった。アメリカに留学中の青年だった。休みでホーチミンシティに帰省していた。

彼が案内してくれたチョロンは、これまで歩いたチョロンとは違った。最初に訪ねたのは、かつてクアックダムが住んでいた家だった。家というより、三階建てのビル型洋館だった。

クアックダムはチョロンをつくりあげた中国人として知られている。水牛の皮の

ビンタイ市場のほぼ中央にあるクアックダム像。市場には2000軒以上の店がひしめく。その密度には息を呑む

販売から身を立てた典型的な華僑だった。チョロンの中心でもあるビンタイ市場は、彼が私財を投じて建てたものでもある。彼はベトナムがフランスの植民地だった一九二七年に世を去っているが、膨大な富は一族に引き継がれていった。

「ここもそうですよ」

青年はクアックダムの家からそう遠くない建物も教えてくれた。前に大きな看板が立ち、建物はよく見えなかったが、かつては立派な洋館だったことがわかる。しばらく歩くと、青年の足はまた止まった。その外観は、ガジュマルのような木の枝が絡みつき、幽霊家敷のようだった。しかし近づいてみると、一軒の洋館だったことがわかる。柱はなかほどが太くなるエンタシスで、かつてはあか抜けた建物だったのだろう。

「もち主は？」

「サイゴン陥落前に亡命したんです」

現在のホーチミンシティは、以前、サイゴンと呼ばれていた。ベトナム戦争が終わった翌年、ベトナム革命を指導したホー・チ・ミンの名をとって、ホーチミンシティに変わっている。私有財産の否定、計画経済、共産党の一党体制という社会主義がベトナム戦争後のホーチミンシティに及んだ。その後のドイモイのなかで、制限つきの私有財産の所有が認められていく。その流れのなかで、かつての富豪たちの家は手つかずの状態で放置されているようだった。

「チョロンには、そんな家がいくつもあるんです。いまは北に支配されているから、どうしようもないんだけど、もし、あのまま、北ベトナムと南ベトナムが続いたら南ベトナムは韓国ぐらいには発展していたかもしれません」

青年は溜息混じりにそういった。

「北に支配されている？」

「そうですよ。僕らは戦争に負けたわけだからしかたないんですよ」

「戦争に負けた？」

「そう、負けたんです。ただ、僕がこういってたってこと、誰にも話さないでくださいね。もしわかったら、捕まっちゃいますから」

会話はすべて英語だった。周囲を見まわした。この歩道の上なら、誰にも聞かれてはいないだろう。しかしそれでも、ベトナム語で口にできる話ではなかったのだ。

このときからホーチミンシティでの僕の迷走がはじまった。

一九七五年、サイゴンは陥落した。三十九年前の話だ。僕のなかでは、ベトナム民族は長い戦乱を経て、ようやくひとつの国として独立することができたというストーリーができあがっていた。それは間違った歴史認識だったのだろうか。

親しくなったホーチミンシティのベトナム人に、この話を振ってみることにした。会話は日本語か英語だった。はじめは誰も、少し戸惑ったような面もちだった。しかし相手が日本人で、会話がベトナム語でないことを確認するかのように、話しはじめた。

「ホーチミンシティの人の多くは、ホー・チ・ミンが嫌いですね。いくらいい成績を残しても南の人間の評価は低い。要職はどこも北の人たちが占めてるからね」

「負けたんだからしかたがないっていう思い、ホーチミンシティ生まれの人には皆、あるんじゃないかな。なにをやるにも、北の人間から許可をもらわないといけないからね」

「だいたい北と南は三百年前から別々だったんだよ。それを民族が一緒だからといって、ひとつの国になるというのもね」

クチのトンネルについても訊いてみた。ホーチミンシティの郊外にある戦跡である。南ベトナム政府に対峙した解放戦線は、地下トンネルをつくり戦ったのだ。多くの外国人観光客が訪ねるスポットになっていた。

「ホーチミンシティの人は、あまり行きたくないんじゃないかな。北のプロパガンダ施設だってことがわかっているから」

北と南——。日本人の僕とベトナム人の間では、そのニュアンスは違っていた。その温度差をなかなか埋められそうもなかった。ほかのアジアの国では、想像以上に現実的なアジア人を目にして、「こんなもんかもしれないな」と自分を納得させることがよくあった。しかしベトナムでは、その心の装置がうまく働かなかった。それだけベトナムへの思い入れが強いのかというとそうでもない。ベトナムというより、ベトナム戦争へのこだわりだった。

それは世代的な問題でもあった。二十代や三十代の日本人なら、北と南の問題を突きつけられても、「南北に長い国だからね」と素直に受け入れられるのかもしれない。ホー・チ・ミンという名前を聞いて、「それは昔の王様？」と日本人の若者が訊いたという話は、ベトナムの日本人社会ではよく耳にする。しかし五十代以上、とくに六十代の団塊の世代は単純ではなかった。日本の社会を覆ったあの時代が蘇《よみがえ》ってしまうのだった。

そのリトマス試験紙は「フランシーヌの場合」である。この歌を知っているか、聞いたこともないのかで、はっきりとベトナムへの反応が分かれるのだという。

「フランシーヌの場合」は、こんなフレーズからはじまる。

♬フランシーヌの場合は、あまりにもおばかさん、フランシーヌの場合は、あまりにも悲しい……。

いまいずみあきらが詞を書き、新谷のり子というシンガーが歌った。一九六九年に発表され、八十万枚が売れたヒット曲である。

同じ年の三月、パリでひとりの女性が焼身自殺をした。ベトナム戦争と、当時、アフリカで起きていたビアフラ戦争に抗議するための自殺だった。「フランシーヌの場合」は、その女性、フランシーヌ・ルコントを題材にした反戦歌だった。

一九六九年——。日本は揺れていた。新宿西口の地下広場では、毎週土曜日、ギターを抱えた若者が続々と集っていた。彼らはそこで、反戦ソングやフォークソングを歌った。警察はデモに発展していくことを怖れ、フォーク集会を禁止するのだが、一度は退散した若者は、広場の別の場所で歌いはじめるということを繰り返した。彼らはフォークゲリラと呼ばれるようになっていく。

新宿駅西口の地下に響いたのは、「フランシーヌの場合」や、高田渡の「自衛隊に入ろう」、ザ・フォーク・クルセダーズの「イムジン河」などの日本版反戦ソングだった。

戦後日本の政治闘争には、安保という大きなうねりがあった。一九五一年に結ばれた日米安全保障条約は、一九六〇年に改定された。これに反対する議員や労働者、学生、市民たちが国会をとり囲んだ。六月十五日、三十三万人に膨らんだデモ隊は機動隊と衝突する。圧死した東大生・樺美智子《かんば》は、闘争の象徴にもなった。その自動延長を一九七〇年に控えていた。

一九六〇年の安保闘争の挫折は、武装闘争を孕《はら》んだ全共闘運動へとつながっていく。しかし、学生たちを中心とした全共闘運動の過激さと党派性とは一線を画した市民運動も大きなうねりを迎える。

一九六五年、アメリカ軍の北ベトナムへの空爆がはじまった。「北爆」と呼ばれ

写真：朝日新聞社

新宿駅西口を追われたベ平連と東京フォークゲリラは、日比谷野外音楽堂で「発言とフォークソングと映画の夕」を開いた（1969年）

日米安全保障条約が自動延長入りした日、ベ平連は銀座の八重洲通りで抗議デモを開いた（1970年６月23日）

たこの攻撃に反対する動きが世界規模で起きていった。日本でもその年に、「ベトナムに平和を！　市民文化団体連合」が生まれた。べ平連である。各国の反戦運動には、さまざまな経緯がある。しかし日本の場合は、安保闘争が絡んでいた。長い闘争は教条主義、分派主義を生み、学生たちは鉄パイプを手にするようになっていく。そのなかで生まれたべ平連は、無党派の反戦運動組織だった。名簿も規約もない団体だった。この自由さが、輪を広げていくことになる。

その空気も影響したのだろうか。一九七〇年の政治運動は、どこかベトナム戦争に抗議する色あいも帯びていく。アメリカという軍事大国への反発という点に、多くの日本人は共通項を見いだしていたのかもしれない。

あの頃の高揚した空気。それを肌に繰り返し塗られた軟膏《なんこう》のように擦り込まれているかどうか。その試験薬が「フランシーヌの場合」だった。

歩道にテーブルを出した店で、汗を拭《ふ》きながらフォーを啜る日本人に訊いてみる。

「『フランシーヌの場合』って歌、知ってます？」

フォーをつまんだ箸がぴたりと止まれば、あの時代の日本人だった。

「フランシーヌの場合」を歌う新谷のり子が、何回もテレビに映しだされた年、僕は十五歳だった。信州の松本にある高校に通っていた。

中学時代、全共闘や新左翼の学生が、東大の安田講堂を占拠した事件をテレビで見ていた。高校の入学式の日、校門ではヘルメットを被った信州大学の学生がビラを配っていた。そんな時代だった。

大学へ入り、それが自然な流れのような感覚で、左翼運動に加わっていった。デモの隊列のなかで足並みをそろえ、夕暮れの三里塚で放水車の水を浴びた。しかしいまになって考えてみれば、それは全共闘時代のまねごとにすぎなかった気がする。若者はそうするものだと思い込んでいる節すらあった。遅れてきた青年だったのだろう。学内を見わたせば、セクト主義がはびこり、中核と革マルの間で起きる内ゲバがしばしば報道されていた。

学費値上げ闘争があり、キャンパスをバリケードで封鎖することになった。夜、積みあげられた机や椅子を針金でとめていると、どこからともなく、おじさんのようなセクトの人間が現れ、そんなとめ方じゃ機動隊が入ったらすぐに崩されちゃうじゃないか……と指導をはじめた。なにかをしようとすると、その前にセクトの学生が待っていた。

僕は体験したことのない学生運動のうねりのようなものに憧れていただけのような気がする。数十人のデモではなく、学内を埋めるおびただしい数の学生たち。そんな光景を夢想していた。団塊の世代の後ろに、金魚の糞のようにくっついた世代だった。

だからだろうか。「フランシーヌの場合」という歌を鮮明に覚えている。居間にあるテレビで見ただけにすぎなかったが、そこには東京という大都会のにおいがしたし、親元から離れた学生たちが都会のなかで訴えようとする哀切なものも感じていた。信州の松本という街は、いつも穏やかで、その空気のなかで僕は苛《いら》だっていたのだろう。

二十歳のとき、ベトナム戦争が終わった。アメリカ軍が撤退し、北ベトナム軍によってサイゴンは陥落した。その頃、五歳ほど年上の人と会った。すでに就職していたが、学生時代、ベ平連に深くかかわっていた。

「サインゴンが陥落した日の夜、ひとりで祝杯をあげましたよ。ついに民族がひとつになることができたって……。長い戦争が終わったんですから」

サイゴン陥落は、おそらく日本人の大多数が知る一大ニュースだった。僕にもそれなりの思いはあったが、ひとりで遠いベトナムに向かって乾杯するほどではなかった。

アメリカ軍の撤退の背後にはさまざまな策動があった。世界に広まったベトナム反戦運動はそのひとつだったといわれる。その影響力は別にして、世界の若者たちの連帯の輪のなかにいるという高揚感のなかに、いっときでも身を置けたことが羨《うらや》ましかった。現実は違ったのかもしれないが、金魚の糞世代にはそう映っていた。団塊の世代への反発もある。しかしそれは、一瞬でも輝いた時代に身を置くことができた人々への羨ましさに裏打ちされていた。

僕も含めて、「フランシーヌの場合」に反応してしまう人々にとってのベトナムは、ベトナム戦争だった。北ベトナム軍よりも、南ベトナム内でゲリラ闘争を続けた「南ベトナム解放民族戦線」への思い入れのほうが強かった。解放戦線の兵士たちが掘り進め、そこを前線基地にしていたクチのトンネルは、ベトナム旅行でははずせない場所だった。かつて南北を分けていた北緯十七度線周辺の戦跡を訪ねることも多かった。

ホーチミンシティの路地を歩き、道端で飯をかき込んでいるベトナム人を目にする。すると、ベトナム反戦運動にかかわった日本人は、こんな言葉を口にしてしまう。

「こうやって、どこでも飯を食えるから、戦争に勝ったんだよな」

感慨深げに見つめてしまうのだ。

僕もそうだった。以前、中国から国境を越え、ドンダン駅からハノイ行きの列車に乗ったことがあった。はじめはすいていたのだが、途中のランソン駅から運び屋たちが一気に乗り込んできた。乗車口は狭いので、窓から荷を入れ、ついでに人も乗り込んでくる。車内はとんでもないことになった。あちこちから怒鳴り声や悲鳴が響く。この騒ぎは三十分ほど続いた。ようやく静かになった車内を眺めると、通路に荷物が二層になって積まれ、その上に人が座っていた。座席の下も荷物が押し込まれ、二人がけの椅子は五人がけになっていた。僕も足を荷物の上に置かざるをえなくなる。しばらくすると、その荷物から仄《ほの》かな温《ぬく》もりが伝わってくる。そこに入っているのは子豚だ、といって乗客は笑うのだった。

列車はのろのろと発車した。運び屋たちは、荷物の間の狭いスペースで寝はじめる。途中の駅に停まると、ホームに店を出した食堂から丼飯を注文し、トイレの前や荷物のすき間で飯をかき込んだ。食べ終わると、箸の腹で口のまわりをぬぐい、うまそうに煙草を喫うのだった。同行したカメラマンが呟くようにいう。

「どうしてベトナムがアメリカに勝ったのかわかったような気がしますよ」

僕もまったく同じことを考えていた。それが僕のなかのベトナム戦争のイメージだった。アメリカ軍の攻撃に耐え、南北ベトナムの統一を勝ちとった戦いだった。

建設現場で働く男たちの昼休み。路上で飯を食べ、休息する。このたくましさに、団塊世代は反応してしまうのだろう（ホーチミンシティ、ドンコイ通り）

そしてサイゴンが陥落し、しゃんしゃんと手打ちでもするように、ベトナムに平和は訪れた……と。

内心、そんなことはないとわかっていた。しかしあえて耳を貸さないようなところもあった。思い出はきれいなままで残しておきたい。その心理にも似ていた。

そんな僕に、チョロンを案内してくれた青年の言葉は痛かった。ここまではっきりいうことが意外でもあった。薄々気づいている以上に、彼らの発想は明快で、日本人が植えつけられたベトナム戦争の歴史を否定するかのようだった。

気になる言葉があった。「ベトナムは三百年前から南北は別々だった」とひとりのベトナム人が口にした言葉だった。

それはベトナム北部を鄭《チン》氏が支配し、南部を阮《グエン》氏がおさえていた時代をいうようだった。中国の明から離れ、ベトナムを統一した黎《れい》朝だったが、十八世紀には名目だけの王朝になっていた。実態は南北に分かれていたのだ。その後、混乱が続き、やがて阮福英《フクアイン》がつくったフエを首都にする越南阮朝に統一されていく。といっても、その支配はゆるやかで、ハノイを中心にした北部、ホーチミンシティを中心にした南部……それぞれに大幅な自治権が与えられていたという。

フランスの侵攻がはじまるのは、そんな時期だった。圧倒的な軍事力を前に、フエの阮朝は領土を割譲して生き延びようとした。一八七四年の講和条約で、南部六省の統治権をフランスに与えている。阮朝は南部を切り捨て、穀倉地帯である北部のトンキン地方を確保する。ここでも南北は分断される。

阮朝には、この状況のまま……という思惑があった節もある。しかしフランスは全域の植民地化をめざして北進し、ハノイを占拠するのだ。これに対し、中国の清が出兵。清仏戦争が起きる。これに勝ったフランスは、ベトナムの植民地化をほぼ完成させる。一八八七年、フランス領インドシナ連邦ができあがるわけだ。

フランスに対するベトナムの反撃は、太平洋戦争後に本格化する。ディエンビエンフーの戦いでベトナム軍はフランス軍に勝ち、ジュネーブでの休戦協定にもち込む。そこで北緯十七度線が境界になり、一九五四年、北部にベトナム軍、南部にフランス軍という構造に戻ってしまうのだ。ひとつにまとまっていたのは七十年ほどだった。植民地という歪《ゆが》んだ状況でしかなかったが。

南ベトナムでは、共産主義者への弾圧に反抗するかたちで、南ベトナム解放民族戦線が生まれる。ベトコンである。日本では、このベトコンは北ベトナム軍と密接に連携をとり、民族の統一に向けて闘ったと考えている人が多い。しかし、当時のベトナム人は別の発想をしていた。ベトコンは南ベトナム政府やフランス、アメリカと闘う存在だった。実際、はじめの頃、ベトコンのゲリラ闘争に北ベトナムはかかわろうとしていない。

北ベトナムとベトコンの温度差は、その後も、そしていまも尾を引いている。北ベトナムは、ホー・チ・ミンを指導者として、社会主義革命をめざした国だった。ベトコンは、そういったイデオロギーとは関係なく、大国の支配に対抗する組織だった。

実際、サイゴン陥落後、北ベトナム政府内には、南部に中立的な連合政権をつくる構想もあったという。南ベトナム政府がそれを拒んだため、北ベトナム政府は南北統一を選ぶことになっていく。

「三百年前から別々だった」

ベトナム人の言葉が気にかかり、植民地時代からのベトナム史を辿ってみると、どうしても、ひとつの疑問にぶつかってしまうのだ。ベトナム人にとって、民族統一とはなんなのだろうか。民族というものへの意識が揺らぐのだ。彼らが民族統一を拒んでいるわけではなかった。しかし分断されたほかの国々に比べると、どこか熱意が薄いようにも映る。ドライといったらいいのだろうか。優先順位のトップにないような思いにも駆られてしまうのだ。

むしろ、民族統一や南北分断の解消にこだわったのは、フランスやアメリカだった気がしてならない。南北に分かれていたベトナムを、植民地とはいえ、ひとつにしたのはフランスだった。アメリカはドミノ理論のなかで、ベトナムに介入していく。ドミノ理論とは、牌が次々に倒れていくように、アジアの国々が社会主義化していくというものだった。南ベトナムは、それを阻止するために守らなければいけない防波堤だった。

ベトナム戦争が終わってから二十年以上がたったときに、ベトナムとアメリカによって戦争の総括が行われた。その会議では戦争の契機についても検証が行われた。その内容は、中野亜里編の『ベトナム戦争の「戦後」』（めこん刊）にこう記されている。

――アメリカ側がハノイの革命指導部の意図を理解していなかったことが確認された。つまり、ベトナム労働党（現共産党）の目的は民族解放であり、共産主義の拡大ではなかったのだが、アメリカはベトナム革命をソ連・中国の覇権拡大の一部とみなし、共産主義の脅威に対抗しようとして戦争を不要にエスカレートさせた、という総括である。

しかしこの総括のなかで使われた北ベトナムの「民族解放」という言葉と、「南北統一」との間には、若干の距離があるような気がしてならないのだ。

ベトナムはアメリカを軍事的に打倒して勝利することなどありえないと考えていた。アメリカの力は圧倒的だったのだ。そこでいくつかの戦略を練る。そのひとつが、アメリカの民主主義のシステムを利用して、ベトナム反戦運動の気運を盛りあげていくことだったといわれる。その作戦がどれほどアメリカの政策に影響を与えたのかは、判断が難しい。しかし、反戦運動を刺激した北ベトナムからの情報には、その意図のなかから流れたものもあった。

民族解放という方向を否定するつもりはない。ベトナム戦争は、その一面をもっていた。「フランシーヌの場合」に反応した、当時の日本の若者たちの心情を、そのすべてではないかもしれないが、僕も共有している。しかし当のベトナム人から、「三百年前から別々だった」といわれると、やはりなにかが足許《あしもと》から崩れていくような感覚にとらわれてしまうのだ。ベトナムという国の土を踏んだこともなく、ベトナム人も知らなかった当時の僕は、日本という国のなかでベトナムを想い描いていただけだったのかもしれなかった。

ベトナム戦争は、僕にとって別の顔をもっていた。大学を卒業した僕は、ある新聞社に入った。研修を経て、配属されたのは、月刊の住宅雑誌の編集部だった。その後、いくつかの部署を経験し、支局に出た。僕が毎日、書いていたのは、交通事故や中学生の卓球大会の結果だった。新茶を摘む時期には、カメラを抱えて茶畑にいた。大きな事件はなかった。新人記者が企画ものを書く機会などめったにないことはわかっていた。くる日も、くる日も、地方面を埋める記事を書き続けていた。静岡での日々は、息が詰まるほど平和だった。

憧れはあった。高校時代から大学にかけ、ベトナム戦争を取材した記者たちの本をよく読んだ。近藤紘一の『サイゴンのいちばん長い日』、日野啓三の『ベトナム報道』……。そして沢田教一や一ノ瀬泰造といった戦場カメラマンの写真を吸い込まれるように見入っていた。戦争の悲惨さを伝える彼らの写真の背後には、「俺はベトナムで、写真を撮って生きている」という生きざまが宿っていた。命のやりとりのなかでフィルムに刻まれたものは、安穏とした日本のなかでの反戦運動とは異質の存在感があった。戦場に身を投じた彼らを羨んでもいた。一ノ瀬泰造が残した、「地雷を踏んだらサヨウナラ」という言葉は、熱病を起こすウイルスのようだった。それが体内に入り込み、血液のなかで騒ぐのだ。

民主主義を守ろうとするアメリカの論理は、記者たちにも多くの機会を与えていた。従軍カメラマンや従軍記者として軍に同行することは、それほど難しいことではなかった。彼らの報道は、アメリカ軍にとっては不都合なものも多かった。世界に広がるベトナム反戦運動の火に油を注ぐこともあった。しかしアメリカ軍は姿勢を崩さなかった。民主主義の国は、それほど自由なのだとアピールし続けるかのように。

アメリカはその後のイラク戦争などでは、取材を厳しく制限するようになる。そこにはベトナム戦争での反省があったといわれる。

開高健の小説やエッセイを読みはじめた。彼は一九六四年、朝日新聞社の臨時海外特派員としてベトナムに向かう。記事は毎週、「週刊朝日」に掲載された。この体験をもとに書かれた小説が『輝ける闇』や『夏の闇』などだった。

新聞社の支局で働いていた頃、僕の鞄には、いつも『輝ける闇』が入っていた記憶がある。支局のソファや疲れて帰ったアパートの一室で、僕はしばしば、この本のページをめくった。取材をして記事を書く毎日だった。僕が身を置く世界は平和で、面倒な人間関係が張りめぐらされていた。サラリーマンにとってはそれが戦場だった。そのなかで、弾にあたらないように生きていかなくてはならなかった。しかし開高健が描く世界は次元が違った。彼の文章からは、血のにおいや、まだ踏んだことがないベトナムの土の感触が漂ってきた。そのなかで、ベトコンのゲリラ兵やアメリカの海兵隊員は、不遜な笑みを浮かべていた。

僕は新聞社を辞め、長い旅に出た。帰国後はフリーランスのライターになった。「週刊朝日」の仕事が多く、いつの間にか、自分が使う机も決まっていった。「週刊朝日」のデスクのひとりに、開高健とともに中南米を旅した人がいた。釣りをしながら、北米から南米を縦断する企画で、「週刊朝日」に連載された。彼としばしば酒を飲んだが、あるとき、こんな話をしてくれた。

「開高さんは酒を飲むと、よく、こういったんですよ。『若い頃に戦争を見ておけ』ってね」

「戦争を見る……」

「そう。彼はベトナムで見た」

開高健が見てしまった戦争……。

そんな話を聞いてから二十年以上がたち、僕は再び開高健と出会うことになる。いや、彼はすでに他界し、その霊が出るという部屋で原稿を書くことになるのだ。出版社には、俗に缶詰め部屋というところがある。原稿が遅れたとき、その部屋に閉じこもって書くわけだ。新潮社のそれは一軒家で、一階と二階にひとりずつが入るようになっていた。二階のほうが人気だった。担当の編集者が、こんな話をしてくれた。

「一階には開高さんが七ヵ月いたことがあったんです。ずっとです。でも一行も書けなかった。だから、彼のおばけが出ると……」

『輝ける闇』、『夏の闇』に続く三作目のことだった。彼の死後に未完の作品として、『花終る闇』が出版された。

「漂えど沈まず」

という書き出しではじまっていた。彼は三作目が書けず、神楽坂にある缶詰め部屋にこもっていたのだ。深夜、原稿を書くのに疲れふとんの上に大の字になる。開高健も同じように、天井の木目を眺めていたのだろうか。

彼はベトナムで戦争を見てしまった。以前に聞いた言葉を思いだしていた。

「フランシーヌの場合」を知る世代、そして戦場を見たジャーナリストや作家たちのベトナムとのかかわりは、ひとつの節目を迎えた。北ベトナム軍が南進し、サイゴンは陥落した。一九七五年だった。

多くの日本人にとって、それは南北統一であり、民族解放だった。これからは同じ民族同士、仲よく手をとりあって、国を発展させていくとベトナムの明るい未来を描いた人も多かった。しかしベトナム、とくに南ベトナム側の人々は、まったく別の文脈で考えていた。彼らにとって、まだ戦争は続いていた。抗仏戦争に続く、抗米戦争に区切りがついただけだった。そして南ベトナムの人々は、「北に負けた」と唇を噛んでいた。

勝ってしまったこと――。ベトナム戦争の終結以降のベトナムは、勝利に呪縛されていくようなところがある。専門家の分析によれば、「北ベトナムは勝ったのではなく、攻撃に耐えに耐え、負けなかった」戦争だった。しかし対外的には、北ベトナムの圧倒的な勝利だった。そのなかから、北ベトナムは、自らの正統性を疑わずに突き進むことになる。戦争というものは厄介なものだ。負けた側は悲惨さをなめることになるが、勝者もまた、多くの負担を背負うことになる。

言葉が通じる同じ民族の場合、それはときに陰湿なねたみにも発展していく。自分たちが打ち負かした南ベトナムに入った北ベトナム軍の兵士たちは、ホーチミンシティの豊かさに面食らった。ハノイに比べれば、はるかにインフラが整い、人々の生活は恵まれていたのだ。『ベトナム人民軍隊』（小高泰著、暁印書館）には、こんな話が紹介されている。

――1975年のサイゴン陥落によって、大量の人民軍部隊がサイゴン市内に流入、駐屯した。もともと都市部の生活を知らない多くの部隊兵士たちにとって、サイゴンは物資に溢れた大都市であり、初めて体験することばかりだった。(中略)当時は数万人は居たといわれる売春婦と「解放軍士官」が関係を持つことは珍しくなかったという。(中略)売春婦が男性と関係を持つときに用いるというチューブ入りの局部収縮クリームを手にした兵士が、てっきり歯磨き粉と間違えて口に入れ、その途端に、口全体が収縮してパニックに陥ったという笑えない話がある。

北ベトナム政府は、サイゴン陥落後、北ベトナム通貨と南ベトナム通貨の交換レートを一対百にしたという。北ベトナムの通貨をもっていれば、高価なものも簡単に買うことができた。その背後には、勝者の敗者に対するねたみが横たわっている。南ベトナムの富裕層はこの交換レートにおののき、金を買って椅子のパイプのなかなどに隠し入れたという。この金塊がその後、ボートピープルの船賃に換わっていくのだが。

サイゴン陥落から二年後、北ベトナム政府は、南ベトナムの社会主義化に踏み切る。資産の没収、金融資産の封鎖、農業の集団化、商業活動の禁止、反革命分子の摘発などの政策が次々に打ちだされていった。事前にこの情報を得ていた富裕層は、アメリカに亡命していった。南ベトナム時代、彼らはすでにアメリカへの亡命の道筋をつくっていたといわれる。

しかし一般の旧南ベトナムの人々は、ただその政策を受け入れるしかなかった。一九五四年、南北ベトナムに分断されたとき、約九十万人のベトナム人は、社会主義を嫌って南へ移住していた。彼らも結局、社会主義に組み込まれていってしまった。北ベトナム政府は、社会主義制度が、ベトナム戦争を勝利に導いたと分析していた。いまにして思えば、それは、「貧しさを分かちあう社会主義」だったともいわれるが、戦時下では、そのシステムが有効だったことはたしかだった。しかし、資本主義に慣れ親しんできた旧南ベトナムの人々にとって、それはイデオロギーを超えた横暴にも映った。北ベトナムが、あまりに性急に社会主義国家への道を進もうとしたためだった。

反革命分子の摘発を旧南ベトナムの人は怖れた。

「私のおじは、サイゴンでバス会社を経営していたんです。おじは北ベトナム政府からの通達で、二週間の再教育キャンプに向かいました。しかし、結局は、帰ってこなかった。母からそんな話を聞かされたことがあります」

南ベトナム解放民族戦線の兵士たちへの冷遇もその流れのなかにあった。社会主義国の軍隊だった北ベトナム軍に対し、解放戦線は南ベトナム政府に反旗を翻したゲリラ部隊だった。社会主義思想が浸透していたわけではなかった。解放戦線の存在がなければ、北ベトナムの勝利もなかったのだが、南北ベトナムが統一され、社会主義国家の道を進もうとしたとき、彼らはその枠組みからスピンアウトしていった。社会主義の国々がどこでもそうだったように、政府は出自にウエイトを置いていた。南と北の間の亀裂は深まるばかりだった。

日本でベトナム戦争反対の運動にかかわった人々は、北ベトナム軍より南ベトナム解放民族戦線への思い入れが強い。北ベトナム軍は政府の軍隊であるのに対し、解放戦線は民衆の戦争を担っていたからだ。解放戦線への入れ込みようは、ときに青年の片思いにも映ってしまう。

しかしサイゴン陥落後、解放戦線の動向はまったく伝わってこなかった。いや、旧南ベトナム人の動きすらわからなかった。しかしサイゴン陥落の翌年、北と南の軋轢《あつれき》は、唐突に姿を見せることになる。東南アジアの洋上に、難民船のような船が現れたのだ。ボートピープルといわれる人々が乗っていた。

商業活動の禁止、事業の国営化、農業の集団化……と北ベトナム政府は、南ベトナムの社会主義化を急いだ。旧南ベトナムの役人たちは皆、北からやってきた人に入れ替わった。そのシステムを嫌い、これまでの収入手段を断たれた人たちは、ベトナムからの脱出を画策しはじめる。旧南ベトナム通貨の価値は極端に低くなっていた。頼りは隠しもっていた金だったといわれる。それで漁船を抱き込み、ベトナムを離れたのだ。その数は数十万人に達したといわれる。しけや周辺国のよからぬ男たちの犠牲になった人も多かった。船の多くは、タイやマレーシアに漂着した。

南北が統一し、ベトナムに平和が訪れたと思っていた人々は黙るしかなかった。それが現実だと受け入れるには、解放戦線や北ベトナムへの思い入れが強すぎたのだろうか。

一度、タイでボートピープルを収容したキャンプを訪ねたことがある。一介の旅行者だったから、なかに入ることはできなかったが、木を組んだ塀の周りには、タイ人が集まっていた。塀越しの商売が繰り広げられていた。そこから見えるキャンプ内の小屋には、どこもテレビのアンテナが立っていた。アメリカに亡命したベトナム人から、膨大な援助が届いていると聞いた。塀の外側に広がるタイの農村より、塀のなかの人々のほうが豊かだった。

ボートピープルの報道は、ベトナム反戦運動に身を投じた日本人の耳には辛く響いた。しかしアジアを歩きはじめていた僕は、さらに難しい矛盾に曝されていた。

ベトナムを離れようとした人々は、なぜ危険な海上ルートを選ばざるをえなかったのか。そこにはカンボジア問題が横たわっていた。ベトナムから陸路でタイやマレーシアに向かうとき、どうしてもカンボジア領内を通過しなくてはならなかった。サイゴン陥落後、隣国のカンボジアとラオスでは、相次いで社会主義政権が成立した。カンボジアでは、サイゴン陥落と同じ四月にポル・ポト派がプノンペンを制圧した。ラオスでは八月にパテト・ラオが革命政権を樹立した。問題はカンボジアだった。ポル・ポト派は、中国に支援された政権だった。社会主義国としてアメリカに勝ったベトナムは、インドシナの社会主義化を織り込んでいた。その前に中国が立ちはだかる。ベトナム政府は中国を膨張主義を孕んだ覇権主義国とみなしていく。

『現代ベトナムの政治と外交』(中野亜里著、暁印書館)によると、ベトナムは三回、中国の裏切りを受けていた。

一回目はディエンビエンフーの戦いで、北ベトナムはフランスに勝利する。それを受けたジュネーブ会議で、南北分断を強いたことだった。

二回目はベトナム戦争時の米中接近だった。ニクソンの訪中はその象徴だった。それはベトナムの民族解放を遅らせたとみていた。

そして三回目がポル・ポト派の支援だった。

――ベトナムとカンボジアの共産主義勢力は、抗米闘争では協同していたが、米軍という共通の敵が去った後は、ソ連と中国の対立がそのままベトナムとカンボジアの対立に投影されることになった。(『現代ベトナムの政治と外交』)

ベトナムはしだいに中国を敵ととらえるようになっていく。サイゴン陥落の翌年、北ベトナム政府は、ベトナムで暮らす中国系の人々に一斉にベトナム国籍を与えた。それまで中国系の人々は中華民国籍だったのだ。これはスパイになることを警戒したためだといわれる。当然、中国政府は抗議することになる。

当時の状況を眺めると、それは当然の流れのように思えてくる。一九七八年、ベトナムはカンボジアへの侵攻を開始するのだ。しかし、この動きは、さまざまな国と人に大きな波紋を呼んだ。

ベトナムと中国との対立は決定的なものになった。翌年、中越戦争へと向かっていくわけだ。

「フランシーヌの場合」世代の日本人は混乱した。ボートピープルの存在を受け入れることにも逡巡した日本人にとって、隣国への侵攻はベトナムへの思いに対する裏切りにも映ったかもしれない。ベトナムはアメリカの攻撃を一方的に受ける弱者だった。しかしゲリラ戦で対抗し、ようやく民族の解放を手に入れたはずだった。それを支持したのが、ベトナム反戦運動だった。ところが、そのベトナムが、隣国に攻め入ったのである。それは純粋な反戦運動に泥を塗るようなものだった。カンボジアへの侵攻に、兵士として徴集された人のなかに、国籍がベトナムになった中国系の人々が多かったともいわれる。彼らの政府への不信は、より深まっていくことになる。

ベトナム政府にも、いくつかの読み違いがあった。ベトナム戦争のときのように、世界の人々はベトナムを支持してくれていると考えていたことだった。自分たちのやっていることは正しいという論理。それこそ、戦争に勝ってしまった代償だった。ベトナム近隣のアセアン諸国は、サイゴン陥落以来、多くのボートピープル、つまりベトナムからの難民を受け入れていた。その数は、タイが二十万人、マレーシアが七万六千人、インドネシアが三万一千二百五十人、香港が五万七千人……に達していた。そしてベトナムがカンボジアに侵攻すると、その数はさらに増えていった。政府は戦争に勝った自信と中国との対立のなかで、カンボジア平原に進軍していったのだが、国民は長い戦争に疲れていた。サイゴン陥落で終わると思っていた戦乱が、まだ続くことに絶望したのかもしれなかった。

新しく流出するボートピープルに対し、国際社会の目は厳しくなっていった。戦後の混乱期とは訳が違った。ベトナムはカンボジアへの侵攻をはじめてしまったのだ。

世界の国々は、ベトナムへの援助の見直しをはじめた。アセアン諸国はボートピープルの上陸を阻止する方向に動きだす。国連はカンボジア問題国際会議を開いた。これに対し、ベトナムは、「国連の名を借りたアメリカ帝国主義者、反動勢力およびそれと結託した中国膨張主義者、カンボジアのジェノサイドの指導者の世界政策」としてはねつけてしまう。ベトナムの国際社会での孤立が決定的になっていった。アセアン各国をはじめとする国々は、ベトナムに経済制裁をはじめることになる。

ベトナムにとって頼みの綱は、ソ連をはじめとする社会主義の国々だった。しかしこれらの国々の経済も行き詰まっていた。一九七八年には、ソ連や東欧からの援助はすでになくなっていた。そこにカンボジア侵攻後の経済制裁が追い打ちをかけることになる。カンボジアへの派兵も、国の財政に重くのしかかっていた。ベトナム経済は一気に破綻に向かって突き進むことになるのだ。それでも政府は、社会主義型の計画経済に固執していた。ベトナム戦争時代、北ベトナムには、バオカップというある種の配給制度があった。南北統一後、十年も続けてしまう。

その頃、十歳だったというベトナム人はこうふり返る。

「本当に貧しかった。物資がなかったんです。朝は抜いて、昼と夜は茶碗一杯のごはんだけ。ごはんといっても、小石がいくつも入ってる。重さで配給されるから、政府は石を入れて重くしてるっていう噂だった。米があるときはいいほうで、サツマイモとかキャッサバで空腹をしのいでいました。水道の水も止まっていたから、雨水を貯めて飲んでいた。ホーチミンシティは、南北が統一されて、急に食糧がなくなっていったんです」

当時の生活の苦しさは、北部も同じだった。彼らは口々に、「北爆時代のほうがましだった」と唇を噛むことになる。戦争さえ終われば……ベトナムの人々の思いは完全に裏切られてしまっていた。それが一九八〇年代前半のベトナムだったのだ。

政府は一九八四年、ドイモイ、つまり刷新という経済政策に舵を切った。日本人のなかには、ベトナム版ペレストロイカと見る向きもいたが、専門家によると、ベトナムの財政は破綻寸前で、ドイモイという市場経済をとり入れざるをえない状況だったという。しかし財政が逼迫したなかでのドイモイは、猛烈なインフレを起こした。一九八六年から一九九〇年にかけての年間インフレ率は七百七十四パーセントにも達している。物価が毎年、八倍近くあがったのである。いまのベトナム通貨は桁が多く、慣れるのに時間がかかる。コーヒー一杯一万五千ドンといわれ、支払う紙幣のゼロの数をつい数えてしまう。それもこの時期のインフレのためだった。

しかしベトナム人はアジア人だと思う。眠っていた商魂が目を覚まし、勝手な個人主義者の顔つきが生まれてきたのだ。チョロンに住む中国系ベトナム人は、

「元に戻っただけでしょ」

といいながら、明日の商売を考えている。

それからのベトナムが、順風満帆だったわけではない。社会体制が変わったわけではない。南北ベトナムが統一され、ひとつの国になったが、南と北の溝はさらに深まったような気がしないでもない。ホーチミンシティの人々の口から聞こえるのは、「北と南が手をとりあって……」などという言葉ではない。

「南ベトナムがあのまま続いたら、韓国ぐらいに発展していたかもしれない」

ベトナム戦争以降のベトナムを眺めると、妙な説得力が生まれてくるのだ。サイゴン陥落から十年、ドイモイがはじまるまで、ベトナムは経済破綻への道を突き進んだ。それはベトナム戦争に勝ってしまったためである。「それでも民族がひとつ

になったんだから」……。「フランシーヌの場合」世代の僕は呟いてしまう。

「甘いね」

ホーチミンシティの人々は、そう口をそろえるのだろうが。

ホーチミンシティの人々は、社会主義国であるという事実を、商売という言葉で塗り込めて生きている。政府は社会主義のイデオロギーを抑え、ホー・チ・ミンという人物を前面に押し出している。ホーチミンシティの人々は、さまざまなところに掲げられるホー・チ・ミンの肖像画の前を足早に通りすぎるだけである。

ディエンビエンフーで描く「戦争の美学」

ディエンビエンフーの戦いは、ベトナム人のなかでは最も有名な戦闘……ということになっている。政府はベトナム戦争後、毎年行われる戦勝記念の祭典を、このディエンビエンフーで行ったこともあった。ディエンビエンフーの戦いには、フランスやアメリカと戦い、勝利したベトナム人の精神を鼓舞するにはうってつけの物語が含まれていた。その評価はどこか、中国共産党の長征に似ている。

戦いはこんな展開で進んだ。

一九五三年十一月、フランス軍は、ディエンビエンフー占領のためのエアボーン作戦を開始した。

ディエンビエンフーは、ハノイの西約四百キロの山間《やまあい》の盆地にある。ラオス国境はすぐ近くだ。フランスがこの盆地の占領を計画した理由には諸説がある。当時、フランスはハノイを中心にしたホン川流域をかろうじて支配していた。しかしベトナム軍の反撃は激しかった。その攻撃を分散させることが大きな目的だったともいわれる。この街は、ベトナムとラオスを結ぶ要衝でもあった。そこを占領することは価値があった。地上での白兵戦では苦戦を強いられていたフランス軍だったが、制空権は握っていた。ディエンビエンフーには、日本軍がつくった飛行場があった。そこにパラシュート部隊が降下し、ディエンビエンフーを占領する作戦が実行された。

フランス軍の陣地は、ディエンビエンフーの盆地につくられた。ベトナム軍は密《ひそ》かに、その勢力を、フランス軍の要塞を見おろす周辺の山に集結させた。本格的な戦闘は一九五四年である。盆地の低地につくられたフランス軍要塞に、周囲の山から大砲、ロケット砲などを撃ち込み、ベトナム兵が突入していく形の戦闘だった。

両軍合わせて戦死者は一万人を超えるという凄惨な戦闘だった。一九五四年の五月には、最後に残ったフランス軍の要塞が陥落し、ベトナム軍の完全な勝利に終わった。その後、ジュネーブで会談が行われ、ベトナムは南北に分断されることになる。

ベトナムにしてみれば、植民地支配されていたフランスに勝ったという記念碑的な戦いだった。しかしそれで、ベトナムから戦火が消えたわけではなかっ

ディエンビエンフーでは墓地の整備が兵士の手で進められていた。墓石に記された死亡年は、すべて1954年だ

た。ベトナム南部にはアメリカ軍が乗りこんでくることになる。ベトナム人は、ベトナム戦争を抗仏戦争と抗米戦争に分けている。抗仏戦争の最後がディエンビエンフーの戦いだったのだ。

ベトナムがこの戦争を重要視するのは、その戦い方だった。

フランス軍はこの計画を立案したとき、盆地を囲む山々の頂からの攻撃は不可能と判断していた。周囲の山には道もなく、車を使うことはできなかった。つまり重い大砲やロケット砲を運びあげることはできないと読んでいたのだ。

しかしベトナム軍は、徹底した人

海戦術をとった。重火器は分解し、自転車や人力車で運びあげたのである。その任務には、地形に詳しい山岳民族も協力したという。一台の自転車で三百キロの荷物を運んだ話は、いまでも語られる有名な話だ。そこから、
「重火器や航空機、輸送車両などといった近代兵器が乏しくても、人民が力を合わせれば戦争は勝てる」
というベトナム人の戦争の美学が生まれてくる。ベトナム人のなかに根付いた戦争に勝つための方程式といってもよかった。ディエンビエンフーの戦いは、そんな臥薪嘗胆《がしんしょうたん》を確認し、人々に伝えるためには、最適な戦争として美化されていくことになる。『ベトナム人民軍隊』（小高泰著、暁印書館）にも、こう記されている。

――党は、一連の戦いが侵略戦争に対抗するための正義の戦争であると繰り返し国民に述べる一方で、大量の損耗率を前提とする戦争を行ってきたことは紛れもない事実だった。にもかかわらず、そうした事実は一般に知らされることなく、ただ、「フランス植民地主義を駆逐し、輝かしい勝利を獲得した対仏戦」として歴史に刻まれることになったのである。

ディエンビエンフーを訪ねてみた。ハノイを夕方に出発したバスは、翌日の

早朝に、ディエンビエンフーのバスターミナルに着いた。隣が飛行場だった。これが日本軍がつくり、フランスのパラシュート部隊が降下した場所だった。

同行したカメラマンが望遠レンズをのぞいていた。

「あそこに戦車が見えるんですよ。でも、本物っぽくないんです」

僕ものぞかせてもらった。どうみても展示用の戦車に見える。

ディエンビエンフーの街を歩くと、「あっ、ここにも」といったレベルで当時の高射砲が展示されていた。それぞれ、ベトナム語の解説がつけられ、雨除けがついていた。D1と名付けられた激戦地の丘の塹壕《ざんごう》は、薬剤を注入して固めて保存されていた。その横には、フランス軍の戦車や装甲車、墜落したフランス軍機の尾翼などが並んでいた。六十年前の戦争の跡を大切に保存し、街は軍事公園のようでもあった。

D1の丘の上から眺めると、隣の墓地の整備が進められていた。ベトナム軍の若い兵隊たちが、墓地の周りに芝を植えている。墓石に刻まれた年号は、すべて「1954」だった。新しい戦争記念館の建設も進んでいる。

ベトナム政府は、この街の軍事公園化を進めていくつもりらしい。経済の時代に躍るベトナムでは、どこか時代がかった演出に映ってしかたなかった。

第五章

コーヒーの花を求めて
バンメトート

ベトナム週末旅――。ホーチミンシティの喧噪《けんそう》に身を委ねるのも悪くないが、もう少し遠くへ行ってみようかと考えることが多い。ホーチミンシティは元気な街で、そのエネルギーを全身で受けとめていると、そんな気になってくる。ホーチミンシティから一泊旅……。地図を広げて、メコンデルタやその先の海岸に視線を向ける。ベトナム最南端に行ってみようか……。バス便はあるだろうか。などと地図を眺める。

やはりあそこだろうか――。

もう十年も前になる。ホーチミンシティからバスで七、八時間のバンメトートという街を訪ねた。ホーチミンシティから飛行機の便もある街だ。

バンメトート。コーヒーの一大集散地である。周辺にはコーヒー畑が広がっている。

ベトナムは世界有数のコーヒー生産国である。コーヒーの豆にはアラビカ種とロブスタ種がある。コーヒーの産地として誰でも知っているエリアは中南米だが、そこでつくられるコーヒー豆の大半はアラビカ種。ブルーマウンテンやモカなどと呼ばれる高級コーヒーである。

ベトナムは中南米と競うほどのコーヒー生産量を誇っているが、その多くがロブスタ種である。理由は病害虫への強さだといわれる。ロブスタ種のほうがたくましいというわけだ。その分、品質は落ちる。ベトナム産は、インスタントや缶コーヒーに使われることが多いという。

ベトナムにコーヒーをもち込んだフランス人は、このロブスタ種の豆を深く煎り、フレーバーをつけた。淹れ方はフランス式だった。容器の底に小さな孔をあけ、ゆっくり、ゆっくりと抽出する方法である。昔のフランスでは、銅や陶器でドリッパーがつくられていたという。

濃いコーヒーを淹れ、そこにたっぷりの牛乳を入れる飲み方をフランス人は好んだ。しかし植民地ベトナムでは牛乳の保存が難しく、コンデンスミルクを入れるというベトナムコーヒーがつくられていった。時代は下り、さすがのフランス人も、一杯のコーヒーを淹れるのに五分もかかる時間を待ちきれず、エスプレッソマシンに走っている。しかし旧植民地ベトナムではドリップスタイルが残った。そして、ガラパゴス式進化を遂げることになる。

デタム通り界隈の道端で、毎朝、バイクの海を眺めながらコーヒーを飲む僕にしたら、バンメトートは憧れの街だった。本場なら、さぞかしおいしいベトナムコーヒーが飲めるだろう……という浅はかな発想だった。バンメトートには、「ＴＲＵＮＧ ＮＧＵＹＥＮ」というベトナムを代表するコーヒーチェーンの本社もあった。この店は一時、東京の六本木に店を出していたこともあった。アルファベットの店名を、どう読んだらいいのかわからないことが災いしたのか、気がつくと閉店していた。これでチュングエンと読むには少し無理がある。しかしホーチミンシティやハノイでは、「お、ここにも」というほどの店舗数を誇っている。煎りの深さが番号化されていて、僕は中程度の「３」を選ぶことが多い。コーヒーの味にうるさいベトナム人の知人は、「やはりチェーン店さ」というが、僕はなかなかの味だと思う。おそらくこのチェーン店はバンメトートで豆を仕入れているはずだった。

しかし憧れのバンメトートで、僕はコーヒーの味など足元にも及ばない世界に出合ってしまった。それはにおいだった。カップに入ったコーヒーのにおいではない。コーヒーの花の香りだった。

十年前、バンメトートを訪ねたのは三月だった。ホテルの前で暇そうにしていたバイクタクシーに乗った。おじさんの運転手だった。しかし彼との間に会話が成立していたわけではなかった。僕はベトナム語をまったく話すことができず、おじさんはワン、ツー、スリーぐらいの英語しかわからなかった。互いに通じていたのは、「カーフェ」

というひとことだけだった。僕はその言葉に、「コーヒー畑を見てみたい」という思いを込めていたのだが、おじさんはどう理解したのかもわからないまま、バイクは郊外の道を走っていた。

そのにおいが鼻腔に届いたのは、バンメトート市街から三十分ほど走った頃だった。品のいい香りだった。ジャスミンのにおいより甘くユリよりは軽い……。僕はバイクの後部座席から周囲を見渡した。道に沿った木々に、直径が五センチほどの白い花が列をつくって咲いていた。

「あの花のにおいだろうか」

バイクを停めてもらい、道端の木についた花房に鼻を近づけてみた。やはりそうだった。バイクのおじさんが近づき、花の脇についていた青い実をひとつとり、掌に載せてくれた。直径が二センチほどあった。

「カーフェ？」

おじさんは得意気に笑った。それがコーヒーの実だったのだ。「カーフェ」のひとことだけで、ここまでやってこられたことが不思議ですらあった。

勘のいいおじさんだった。バイクは紅土がむきだしになった脇道を進んだ。そこには、コーヒーの花が一面に咲く畑があった。広さは一ヘクタールほどだろうか。そこに植えられた木々の枝には、白い花がぎっしりとついていた。眺めも壮観だったが、においも強烈だった。コーヒー林の木々の間を流れる空気には、甘い芳香がたっぷりと含まれ、そのなかに立つとむせ返るほどだった。やがて軽い頭痛すら覚えてしまった。コーヒーの花の香に酔ってしまったのかもしれない。

この一時間ほどの間に、僕の体のなかには、コーヒーの花のにおいに対する抗体ができてしまったようだった。バンメトートの街に戻り、道を歩いていても、ふとコーヒーの花のにおいを感じて立ち止まってしまうことがあった。しかし周囲を見ても、コーヒーの畑はないのだ。風に乗ったにおいに反応していた。

このときはバスでホーチミンシティに戻った。早朝に出発したバスは、窓を開けたまま、高原地帯の道を下りはじめた。座席でうつら、うつらとしていると、ふと、コーヒーの花のにおいを察知して目が覚めた。道端にコーヒーの畑があるわけではなかった。風に乗ってどこからともなく流れてくるようだった。

ホーチミンシティのデタム通り界隈でコーヒーを飲みながら、ときおり、バンメトートを思いだすことがあった。十年前に見た白い花、そしてコーヒーの実や青い空……。

においは浮かびあがってはこなかった。

記憶というものは不思議なものだ。視覚に刻まれたものは、折に触れ、脳細胞の奥のほうからのっそりと顔をのぞかせるのだが、においの記憶というものは、なにげなく甦ることはない。しかしそのにおいが鼻腔に届くと、視覚の記憶とは比べものにならないほど鮮明に、そのときのシーンが脳裡に広がる。においの記憶は、より本能的なもののような気がする。

以前、ある新聞社の依頼を受けて、沖縄のにおいを再現しようとしたことがあった。調香師のオフィスを訪ね、さまざまなにおいを嗅ぎ、混ぜ合わせていくのだが、そのときにこういわれた。

「こういう作業はすごく疲れるので、一時間ほど続けたら、外に出て、しばらく散歩をしてください」

そういうものなのかと思ったが、実際、四、五十分でぐったりとしてしまった。ひとつ、ひとつのにおいには、かなり重い記憶が潜んでいて、それらがぞろぞろと這いだしてくるのだ。においというものは、そんなふうに記憶を脳細胞に残すらしい。

あのにおい――。排ガスが渦巻くホーチミンシティの路上で、思い描く。妙にしっかりした思いが残っている。コーヒーの収穫期は十二月から三月の間だという。植物というものは、まず花が咲き、やがて実がつくものが多い。いまは十一月である。ひょっとしたら、前にも増して花が咲き乱れているかもしれない。

バンメトートに着いた翌朝、まずカフェに座った。以前に比べれば、カフェがだいぶ増えた。人口が増えたのか、ホーチミンシティやハノイからコーヒーを飲みにやってくる人が増えたのだろうか。

僕としてはバゲットにベトナム風ハムや野菜を入れて、魚醬油をふりかけるベトナム風サンドイッチであるバインミーを食べながらコーヒーを飲みたかった。しかし何軒かのカフェをのぞいても、コーヒーと一緒に出てくるお茶以外のものを口にしている客は誰もいなかった。店の息子らしき青年が店員をしているカフェで訊いてみた。

「……あのバインミーなんかは」

「申し訳ありません」

青年は優しい笑みをつくってくれたが、その表情の背後には、

「カフェというものは、そういう所ではありません」

というアイルランド人のような頑固さが潜んでいるようにも思えた。

なぜバインミーにこだわったかといえば、ベトナムコーヒーは強いからだった。時間をかけ、ゆっくりと抽出するそれは、エスプレッソ以上の濃さがある。量は日本のコーヒーより少ないが、エスプレッソの一・五倍はある。がぶ飲みなどできないし、一日に、何杯も飲めるわけではない。僕の場合は一日二〜三杯が限界なのだ。せっかくバンメトートに来たのだから、三杯は飲みたい。だが朝、胃になにも入れずに、いきなりベトナムコーヒーを飲んでしまうと、三杯も飲めないような気がしたのだ。

ホーチミンシティでは毎朝、バインミーとコーヒーだった。バンメトートでも……と考えたのだが、本場では、そういう飲み方は邪道だった。

バンメトートのしきたりに従うしかなかった。歩道に向けて扉が開け放たれたカフェに座った。やはり本場では、まずブラックで味わうのが筋かとホットのブラックコーヒーを注文する。ベトナムコーヒーの場合、ここからの時間が長い。ホーチミンシティでは、コーヒーカップの上にアルミ製のフィルターが載ったまま出てく

ることが多い。ぽた、ぽたとコーヒーがカップのなかに落ちていく間、ただぼんやりと待つことになる。日本人はだいたい待ちきれず、アルミフィルターのふたを開け、まだ残っているかを確認したりする。

しかしバンメトートは違った。コーヒーの抽出は店の奥ですませ、コーヒーだけをもってくる。店によっては、冷めないように湯が入った器にコーヒーの入ったカップを入れて出してくれる。だからコーヒーが出てくるまで、ただ、ただ待たなくてはならない。ホーチミンシティとは、少しずつ流儀が違う。

やっとコーヒーが出てきた。

「苦ッ」

ひと口、啜ったとき、つい口をついて出てしまうほど苦かった。十年前、バンメトートで飲んだときはもっとやわらかい味だった記憶がある。その風合いに本場を感じてもいたのだが、今回、口にしたコーヒーはやたらと濃かった。そういえば、前回はカフェにバインミーもあった。男たちは、気軽にカフェに座り、一杯をくいっと飲むと、一緒に出てくる冷たいお茶を飲みながら煙草を喫っていたが。当時に比べると、バンメトートのカフェはコーヒー道のようなものに走っているのかもしれなかった。

バンメトートではこうして出てくる。最初は苦いぞ。覚悟して口をつけよう

しかし、せっかくこの街までやってきて、「苦ッ」で終わってしまうのは悔しい。もうひと口、コーヒーを啜り、そのなかに甘さを探ろうとする。しかし、やはり苦かった。

一緒に出されたのは、冷たいウコン茶だった。後味が残るお茶だが、濃いコーヒーとの相性はいい。バンメトートのカフェは、こういう世界に入り込んできたのだろうか。

朝いちばんのコーヒーは胃に応えた。なにかを食べたほうがいい。見ると交差点に一軒のバインミー屋台が出ていた。歩道脇のあき地にプラスチック製の椅子やテーブルが見える。おばさんがテーブルの上に、コーラや壜入りの豆乳を並べている。以前は、こういった店でもコーヒーを飲めた記憶があるが、カフェの数が多いバンメトートでは、コーヒーが一格上の飲み物になりつつあった。

このバインミー屋台が、コーヒー畑への橋渡しをしてくれた。

ホテルに戻り、カメラなどをもって路上に出た。コーヒー畑に行くためだった。十年前に体験した、ジャスミンともユリともいえない芳香のなかに、再び身を置いてみたかった。

十年前と状況は同じだった。路上に出たところで、畑まで案内してくれるベトナム人が待っているわけではない。バンメトートの街は、中央を走る片側二車線の広い通りのまわりに広がっている。交通量もずいぶん増えた。市が規制をしているのかどうかはわからないが、歩道でぼんやりと客を待つバイクタクシーの姿もない。しかし以前はあまり見かけなかったタクシーがときおり走り抜ける。しばらく歩道を進み、交差点に出た。朝、バインミーを食べた場所である。

屋台のおばさんが笑顔をつくる。そして僕と阿部カメラマンの姿を見ると、ベトナム人らしい脳の回路のつながりを見せた。僕らを手招きし、プラスチックテーブルの裏に停まっている小型タクシーを指さしたのだった。

「あれに乗れってこと？」

「コーヒー畑を見に行きたいなんて伝えてないけど……」

タクシーの運転手のおじさんは、英語がほとんど通じなかった。十年前と同じだった。どこかの地名がわかれば早いのだが、コーヒー畑というのは、言葉が通じないと、とりつくしまのないエリアになる。

おじさん運転手は、僕らの説明を、ぼんやりとした顔で聞いていた。そして、「わかった」というようなそぶりを見せ、タクシーに乗れという。もう、乗りかかった船の心境である。

バンメトートはかなりの速度で発展していた。車は市内を進み、街はずれにつくられたカフェに入っていった。そこは広い敷地のなかにカフェやレストラン、庭園などをつくった複合カフェのようなところだった。そして店の入口には、コーヒー畑をめぐるツアーの案内が掲げられていた。文字は英語だった。

「ほお……コーヒー畑を訪ねる外国人観光客もいるんだ」

感心してしまったが、そこで不安になった。おじさん運転手は、僕らの意図を正確に理解し、コーヒー畑ツアーを企画しているカフェに連れてきてくれたのかもしれなかった。コーヒー畑は見たいが、この種のツアーには食指が動かなかった。ツアーに参加するとコーヒー一杯が無料になるというコーヒー園のPRを兼ねたツアーなのかもしれなかった。

だいぶ昔だが、アメリカのシカゴで、ビール工場見学に参加したことがある。工場内を見てまわると、ビールが一杯ついてきた。平日だったためか、参加しているのは大半が子供だった。僕はビールがただという謳《うた》い文句につられて参加した不純な観光客だったが、子供たちは違う。未成年の飲酒は、アメリカの社会問題だが、ビール飲みたさに工場見学をするような小学生は、さすがのアメリカにもいない。工場見学が終わり、無料のオレンジジュースを飲む子供たちの脇を抜け、ビールが注がれたグラスをとりにいったのだが、彼らの視線が気になってしかたなかった。

無料の飲み物というものには、どこか後ろめたさが注がれているものだ。

しかし僕らはベトナム人の商売魂に救われた。車を降りた運転手は、ひとりの若い女性を連れてきた。

「コーヒー畑を見にいきたいんですよね」

きれいな英語だった。唐突な展開に、「ええ」と答えると、その女性は運転手となにやら話して、カフェに戻っていってしまった。

「………」

おじさん運転手は車に戻り、再びアクセルを踏んだ。

「つまりおじさんは、英語を話す人がいる場所にまず連れてきたってこと？」

「行く場所を確認したかったってことですか」

「でも、このカフェにはツアーもあるんだから、ここで降ろしたっていいわけでしょ」

「そんなことしたらおじさんの収入が減るじゃないですか」

やはりベトナムだった。

車は三十分ほど走っただろうか。道の両側にコーヒー畑が見えはじめた。車を降り、鼻腔に神経を集中させた。もし、花が咲いていれば、僕の体のなかにできたにおいの記憶という抗体が反応するはずだった。

しかしなにも起きなかった。

なんのにおいもしなかった。

道に沿って広がるコーヒー畑にわけ入ってみた。木の枝にはコーヒーの実がぎっしりとついていた。赤い実のなかに緑色のものも混ざっている。しかし白い花房は……。よく見ると、枝の先に緑白色のつぼみが連なるように並んでいた。鼻を近づけてみた。なにもにおいはしなかった。花びらが開かないと、あのジャスミンともユリともつかない芳香を発しないようだった。

コーヒー畑のほうから人の声がした。そちらに進むと、男や女たちがコーヒーの実を収穫していた。

コーヒーの実のとり方には、ふた通りの方法があることをものの本で読んだことがある。高級品種であるアラビカ種は、サクランボほどの大きさの実を、ひとつ、ひとつ、手で摘《つま》むようにして穫る。しかし安いロブスタ種は、板などでこそぐように穫るのだという。しかしバンメトートの畑は違った。

木の下にシートを敷き、その木に登り、手袋をはめた手で枝をつかみ、それを一気にずらしていく方法だった。ベトナムのコーヒーはロブスタ種だから、こそぐように穫るのだが、板すら使わなかった。パン、パンと音をたててシートの上にコーヒーの実が落ちていくが、同時にかなりの葉もちぎりとられてしまう。なんだか、実に大雑把な収穫法だった。

落とした実は集められ、農家の庭先に干されている。何日かが経ち、果肉がやわらかくなってくると、今度は足が登場する。コーヒーの実をぶちゅ、ぶちゅと踏んでいくのだ。こうしてコーヒーの実の種が出てくる。それがコーヒー豆である。アラビカ種は、もう少し丁寧に豆をとっている気もするのだが、ベトナムでは、手と足なのだ。

コーヒーの実を落とす農夫。顔の右側にコーヒーの花のつぼみが見える。これさえ咲いてくれれば、花酔いなのだが

花のつぼみが気になっていた。近くの畑を探せば芳香を放つまでに開いた花があるような予感がした。木に登って、コーヒーの実をこそぎ落としている男性と目が合った。僕は木についたつぼみを指さした。男は笑みをつくって、人差し指を立てた。

「一週間で開花するってこと？」

だとしたら可能性はあった。どこかに白い花が咲いたコーヒーの木があるかもしれない。

しかしコーヒーの木は不思議だった。実が鈴なりに実る枝の隣に、つぼみがついた枝がある。一本の木に実とつぼみがついていることになる。

コーヒー畑のなかを歩きはじめた。鼻で空気を吸い、周囲のにおいを嗅いでいく。どこかで花が咲いていたら、風に乗ったにおいが届くかもしれなかった。風のにおいで嵐を知るという船乗りの能力があれば……などと呟いてみる。

三十分ほど歩いただろうか。においはどこからも漂ってこなかった。やはり花の時期を逃していたのかもしれなかった。

帰国し、コーヒーの木について調べてみた。コーヒーの実は、開花から九ヵ月ほどで実をつけるという。バンメトートのコーヒーの収穫期は十二月から三月である。

とすると、三月から六月にかけて花が咲くことになる。僕が目にした花のつぼみはあと四ヵ月もかかって白い花びらを開くのだろうか。

バンメトートの市内に戻った。僕は再びカフェに入った。今日の夕方、この街を離れなくてはならない。あと一杯、できれば二杯、コーヒーを飲みたかった。

繁華街のはずれにある木立に囲まれた屋外カフェに入ってみた。敷地内には小川があり、その先が池になっていた。昼すぎという時間帯のせいか、客はひとりしかいなかった。従業員は、店主らしき女性を含めて七、八人もいた。日本でこのタイプの店に入ると、かなり高いコーヒー代に、「ぎくッ」とするものだが、ここは一万一千ドン、日本円で五十五円ほどだった。繁華街のカフェより五円高いだけだった。

お茶と一緒にコーヒーが出てきた。ひと口、啜ってみる。心のなかで、「苦ッ」という言葉を用意していたのだが、その気勢を少しそがれてしまった。たしかに苦いのだが、あたりがやわらかい。

「淹れ方が違うのだろうか。それとも豆が違う？」

コーヒーとお茶を交互に飲みながら考えてみる。バリスタのような舌や経験を持っているわけではないが、それなりにベトナムコーヒーは飲んできた。若い女性店員は暇なのか、やたらお茶を注ぎ足しにやってくる。ここもウコン茶だった。このお茶は、それだけで飲むと癖がある。ときに薬のような気にもなるが、何回も飲んでいると、味に慣れてくる。

「慣れ?」

一瞬、そんな気がした。朝いちばんで飲んだコーヒーは、猛烈に苦い気がした。しかしおかげで頭はしっかりと目覚めたが、どこか罰ゲームのような濃さだった。しかしその一杯で、少し耐性ができたのだろうか。それから数時間がたったいま、苦さの奥に潜む甘さのようなものがかすかに感じられるような気がした。

こういうことなのかもしれなかった。

もう何日かバンメトートに滞在し、毎日、二杯から三杯のコーヒーを飲むことが必要なのかもしれない。しかしそのときは、すっかりバンメトートのコーヒーに体を冒され、アメリカンコーヒーは白湯に思え、エスプレッソコーヒーにも不満を抱くようになっているかもしれなかった。

そもそもバンメトートのコーヒーは、仕事の合間に、ちょこちょこと飲むような代物ではなかった。正面から対峙しないと負かされてしまう味である。カフェに座り、お茶を飲みながらゆっくりと、本当にゆっくりと飲むコーヒーである。

木立に囲まれたカフェに入る。ベトナム人にとって、コーヒーは屋外の木の下で飲みたいものなのだ

会計を頼むと、これだけの店員が集まってきてしまった。照れてしまう

おじさんの本業はタクシー運転手です。奥さんが強いばかりに、いまはバインミーづくり中ですが

「あ、風が吹いてきたね」
「そうですね……木が揺れてる」

そんな意味のない会話を繰り返しながら飲むコーヒーである。日本に帰れば、そんな時間を楽しむ心の余裕がなくなってしまうことはわかっている。

バンメトートは深入りすると危険な街かもしれない。コーヒーという蠱惑《こわく》を秘めている。週末旅で一泊二日。そのくらいにしておいたほうがいいのかもしれない。なんだか少し寂しい気もするのだが。

ホテルに戻ることにした。その途中に例のバインミー屋台がある。ふと見ると、そこにおばさんの姿はなく、中年の男性がバインミーをつくっていた。

「タクシーの運転手じゃないですか」

目を凝らすと、たしかにあの運転手だった。テーブル横に車も停まっている。バインミー屋のおばさんと運転手は夫婦だったらしい。

「タクシー代で三十三万ドンも払ったんだけどな」

タクシーのメーターは三十三万五千ドンになってしまった。日本円で千七百円ほどになる。ベトナムでは、けっこうな額である。このバンメトートは、ホーチミンシティに比べたら、だいぶ物価が安いから、なおさら価値がある。

しかしベトナムの女性は強いらしい。しっかりとバインミーをつくらせている。目が合うと、おじさんは照れたように笑った。

土足厳禁。ベトナムの長距離バス

ホーチミンシティからバンメトートまではバスを使った。ホーチミンシティのミエンドンバスターミナルを午前九時半に出発するバスだった。料金は二十四万ドン、約千二百円である。

昼間便だったが、バスターミナルに入ってきたバスを見たとき、一瞬、別路線のバスが入線してきたかと思った。二段ベッドが並ぶ寝台バスだったのだ。

その後、ベトナム内をあちこち移動した。運行時間が八時間を超える長距離バスの多くは寝台バスだった。夜行バスはもちろんだが、昼間のバスも寝台型が使われていた。

寝台バスにはじめて乗ったのは中国の雲南省だったが、快適だった記憶がない。水平とまではいかないが百五十度ぐらいまでは背が倒れる。なぜ、ここでリクライニングが止まるかというと、その下に、後ろの乗客の足が入ってくるからだ。こうして、ひとりでも多くの客が乗ることができるように設計されていた。

しかしこの設計は、バスが急ブレーキをかけるということを想定していなかった節がある。ベッドは進行方向と同じ向きに並んでいるのだが、ブレーキをかけると、体がズリッと前に移動するのである。急ブレーキをかけようものなら、一気に前に移動する。そして、元々それほどの長さをとっていないから、足が前の背の下にある三十度のすき間にぶつかるのだ。

痛いのである。

雲南省の道はカーブが多い。中国人の運転は荒いから、しばしば急ブレーキをかける。眠れないのだった。

しかし人間、夜行バスとなれば、やはり瞼《まぶた》が重くなる。不自然な体勢で寝るわけだが、浅い眠りからブレーキで起きてしまうと、体がベッドの上で縮こまっていることがよくあった。まるめられたティッシュペーパーになったような心境だった。

ベトナムの長距離バスも、基本的に同じ構造だった。

中国との違いは、乗車口で全員が靴やサンダルを脱ぐことだった。二段ベッドは三列で、その間に二本の通路がある。そこにもマットが敷かれていた。つまりベトナムの寝台バスは、土足厳禁を前提にしていた。昔の暴走族が乗ったら、懐かしさに体を震わせるかもしれない。

ベトナムの長距離バスはトイレがついていないので、二、三時間に一回は、サービスエリアや食堂で停まる。だいたい店側がたくさんのサンダルの入った箱をもってきてくれる。これを履いてトイレに行ったり、食事をする。乗ったときに脱いだ靴やサンダルは、ビニール袋に入れ、ベッドのすき間に入れてしまうのがベトナム流である。

土足厳禁はそれなりに快適だった。バンメトート行きは、昼間だから、しっかり眠るわけでもない。腰が伸びる体勢は、やはり楽だった。

僕らのベッドは、上段だった。ここに横になっても、外の風景はあまりよく見えない。とくに僕のベッドはまんなかの列だったので、窓が遠いのだ。

寝るしかないか……という気分になった。幸いなことに、ベトナムのバスの運転は、中国に比べると、ずいぶん穏やかだった。時速にすると二十キロほど遅い気がした。当然、ブレーキもゆっくりになり、急ブレーキなどまずなかった。

これは眠れる……。バスが走りはじめて三十分ほどしたとき、僕は体をベッドに横にしたのだった。

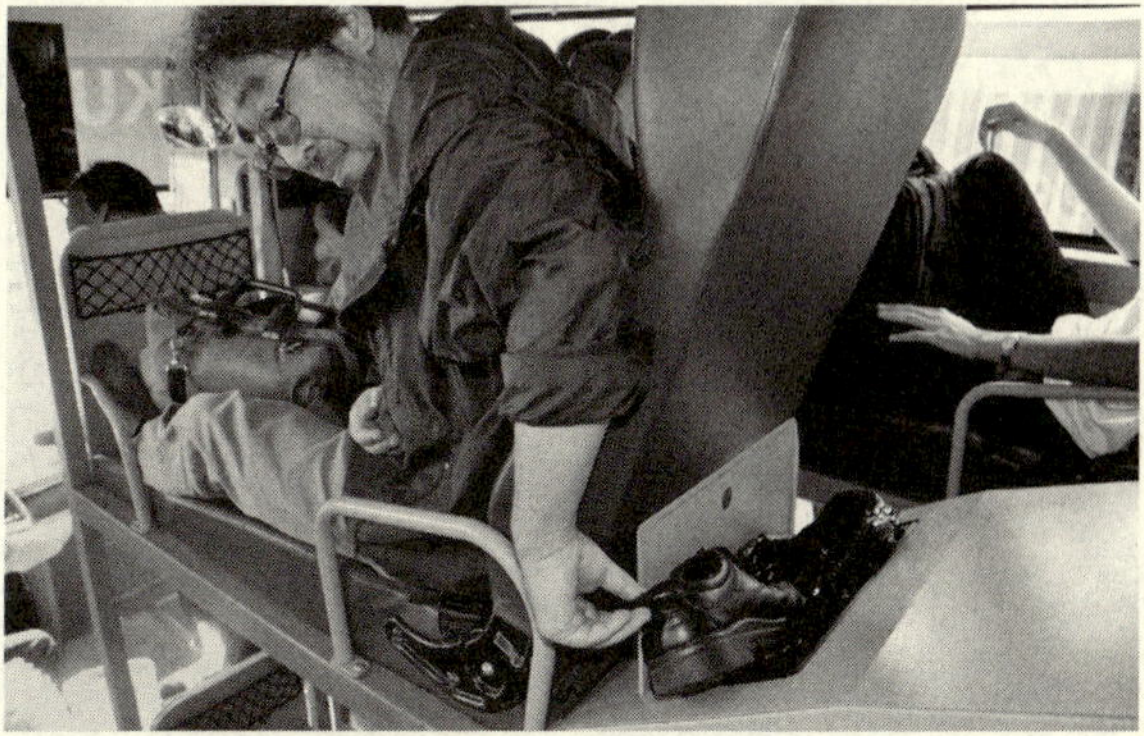

ベトナムの寝台バスは土足厳禁。靴を入れるスペースがあるタイプもある

最後部の上段ベッドをあてがわれたこともあった。快適……と思っていると、途中の街から男たちが乗車。結局、雑魚寝で朝まで。これも辛い

しかし眠れなかった。

クラクションだった。

ベトナムのバスは、前のトラックや車を追い越すとき、ウインカーと同時にクラクションを鳴らすのである。

ホーチミンシティ近郊を走っていたときは、片側二車線の道で、クラクションも少なかった。しかしバンメトートは高原地帯にある街である。山間の道に入るにつれ、道は片側一車線になっていく。ときに未舗装の一車線になったりする。こうなると、もういけない。バスは頻繁にクラクションを鳴らしながら進むのだった。

寝台バスは、やはり眠れない。

それはベトナムも同じだった。

第六章　ハノイに漂う中国を歩く

アジアの民族の動きを大胆につなぎあわせていくと、東南アジアには南進の流れがある気がする。ミャンマー（ビルマ）のマンダレーとヤンゴン、ラオスのルアンパバーンとビエンチャンの関係である。タイはその典型だろうか。チェンマイ、スコータイ、アユタヤと王朝は南下し、いまはバンコクが中心である。

ベトナムにもその流れがあった。ホン川流域にいたといわれるキン族は十六世紀頃から南進をはじめ、メコンデルタ流域まで住みつくようになる。ベトナムの人口の九割近くを占めるキン族は、こうしてベトナム全土に広がっていったのである。

東南アジアの流れに従えば、ホーチミンシティが現在の首都になるのが自然である。ハノイやフエは、ルアンパバーンやチェンマイのような古都である。実際、その経済力を見れば、ホーチミンシティが首都になってもおかしくはないのだが、首都はハノイである。

これがベトナムという国である。

週末にベトナムへ行こう……と思いたったとき、最初に直面することは、ホーチミンシティに向かう便を選ぶか、ハノイに向かうか……という選択である。ホーチミンシティとハノイの間は、飛行機に乗れば一時間ほどの距離である。頑張れば二都市をまわるコースも組めるのだが、限られた日程を考えると弾丸系になってしまう。それぞれの街の滞在時間は短く、ほんの触り程度の週末旅になってしまう。ホーチミンシティとハノイが、同じような街なら悩みはそれほど広がらないのだが、困ったことに、ホーチミンシティとハノイはかなり違う。

「ここは中国だろうか」

ハノイの旧市街に足を踏み入れると、いつもそう感じてしまう。とくにホーチミンシティからハノイにやってくると、その思いはいっそう、強まる。

ハノイの空港はノイバイ国際空港という。新しいターミナルを建設中だが、現在の建物はベトナムの規模を考えればかなり小さい。それでいて市街地までは三十五キロもある。タクシーに乗ると三十万ドン以上はかかる。日本円で約千五百円。ほかのアジアの空港に比べるとずいぶん高い。

五千ドン、約二十五円という路線バスも一応ある。本書でも紹介している。きちんと冷房が効いていて快適なのだが、それなりに時間がかかる。五千ドンという金額が申し訳ないと思うほど乗り続けなければならない。

いちばん使うのはミニバスである。しばらく前まで一ドルだったが、いつの間にか二ドル、四万ドンに値上げされた。市内のベトナム航空オフィス前のあき地が終点である。ところが昨年（二〇一三年）の十二月にノイバイ国際空港に降り、ターミナルを出たところにある乗り場に行くと、いつもとは違うミニバスが停まっていた。訊くとベトジェットが運航するバスだった。

ベトジェットはベトナムに生まれたＬＣＣである。社会主義国に似合わないさばけた雰囲気をもっていて、飛行中の機内で水着ショーを敢行し、航空当局から罰金を科せられたことで一躍、有名になった。僕はそのとき、バンコクからこのベトジェットでハノイに着いた。バンコクのスワンナプーム国際空港で乗り込むと、機内にはクリスマスソングが流れ、男性の客室乗務員はサンタクロースの帽子を被り、女性は赤いトナカイカチューシャを頭にはめていた。水着ショーは暴走だったが、なにかをやらないと気がすまないＬＣＣらしい。

おそらくこの便に合わせたミニバスだったのだろう。運賃は同じ四万ドンだった。ものは試しと乗ってみたのだが、終点がどこなのかわからなかった。乗客に訊いても首を横に振るばかりで、車掌は英語を理解してくれなかった。乗客は皆、トンニャット公園脇で降りてしまった。僕もそこで降りるしかなかったが。

通常のミニバスもそうだが、ベトジェットも、市街地までは行ってくれる。そしてミニバスを降りたとたん、

「中国だよな」

と呟いてしまうのだった。

ホーチミンシティに比べると、市街地に建つビルが少ない。空港近くには工業団地があり、市街地の入口あたりには、大きなショッピングセンターやオフィスビル、マンションも建っているのだが、線路を越え、旧市街に近づいていくと、急に昔ながらの街並みが広がりはじめる。

ハノイで聞いた話では、市当局は、ベトナム戦争後、旧市街の再開発を計画したという。社会主義の国だから、北爆の被害に遭った地区にどーんと幅の広い道をつくることなど簡単にできそうに思うのだが、その前にハノイの人々が住みついてしまったのだという。ベトナムの社会主義政権は、ほかの国に比べると詰めが甘いアジア人の顔をときどきのぞかせる。結局、ハノイには迷路のような道と二、三階建ての家がぎっしりと並ぶ旧市街地ができあがってしまったのだという。

その家並みが、やはり中国に似ている。いまの中国のほうがもう少し近代的かもしれないが、街から漂ってくるにおいが似ているのだ。

とくに日本が冬の時期にハノイを訪ねると、その思いがより募る。ベトナムは南国というイメージがあるのだが、それがあてはまるのはフエ以南である。十二月や一月、ホーチミンシティでは半袖姿だが、ハノイにくると、皆、もこもことコートを着ているほど気候が違う。ハノイはその緯度をみると、台湾より南なのだが、十二月、一月の最低気温は十五、六度までさがる。この時期にハノイに滞在すると、体感温度はもっと低い気がする。風や湿度のせいなのかもしれない。ホテルの部屋には暖房がない。部屋にいても、どこかやり場のない寒さに包まれ、小さな電気ストーブでもあったら……と思ってしまう。

冬の上海にそっくりなのだ。

寒い時期の上海は霞がかかり、どんよりと曇っていることが多い。東京の冬のように、すっきりとした青空は望めない。最近はＰＭ２・５という微小粒子状物質も問題視されている。冬のハノイの空気にも粒子が含まれているのかは知らないが、上海のように霞がかかることが多い。空港に降り、バス乗り場から見あげる空は、霞に遮られ、鈍く、ぼんやりとした太陽があがっている。その淡い明るさも上海によく似ていた。

しかしそれ以上に上海を思いださせるものはにおいだった。中国の街はどこも石

ハノイの旧市街。街路樹が多く、バイクが少ない。ホーチミンシティとの違い、よくわかると思うのですが

炭のにおいがする。暖房や給湯に石炭を使うことが多いからだという。ハノイも同じようなにおいがするのだ。街を眺めていると、ハノイでは燃料に練炭をよく使っている。そのなかに石炭が含まれているようだった。

不思議なことだが、このにおいがホーチミンシティにはまったくない。やはりハノイの空気は、中国のそれに近いような気がしてしかたない。

襟許を押さえながら、冬のハノイの街を歩く。店先では、地味な色あいの防寒具をもこもこと着込んだおばさんがフォーを啜っている。看板には派手な色も使われているのだが、ホーチミンシティのそれに比べると、ハノイのそれはくすんでいる。

そんな光景に足を止める。一瞬、いま、上海の下町に立っているような錯覚に陥ってしまうのである。

ベトナムの歴史を伝える本をぱらぱらとめくると、こんな記述が目に入ってくる。

――歴史家によって異なるが、一般的に前漢武帝による南越征服時の交趾・九真・日南郡設置（紀元前111年：現在の北部ベトナムに相当）から、呉権《ゴクエン》による独立（939年即位）までの1000年以上を北属時代と呼び、ベトナム史のなかでは暗黒時代的扱いを受けている。（『現代ベトナムを知るための60章』第2版、明石書店）

南越、交趾、九真、日南郡とは、中国が北部ベトナムにつけた名前である。北属時代とは、中国に属していた時代である。北部ベトナムは、千年以上も中国だったのだ。

視点をベトナムから中国に変えてみる。中国南部はいま、雲南省、広西チワン族自治区、海南島などのエリアに分かれている。ここに住む人々は、なんとか中国支配から脱しようと、何回となく反乱を起こしている。そういうエリアのひとつに、ベトナム北部はとらえられていたのだ。

ベトナムには李朝、胡朝などの王朝が成立していくが、中国が明の時代に入ると、再びその支配下に置かれてしまう。北部ベトナムは、長く中国だったのだ。人々が使う文字は漢字だった。いまのベトナムはクォックグーと呼ばれるアルファベットをベースにした文字を使っているが、これがつくられたのはフランス植民地時代である。それまでベトナムは漢字文化圏だったのだ。

ハノイに流れる中国の空気、それはベトナムの歴史を遡れば容易に想像がつくことだった。この街をベトナムの首都として見ることは、ある一面しか見ていないことになる。ハノイの歴史は深く、ひと筋縄ではいかないようだった。

ホーチミンシティにはチョロンという巨大なチャイナタウンがあった。しかしハノイにはそれらしき一画はなかった。中国の南寧から簡単にハノイまでやってこられる時代になり、その列車が到着するザーラム駅周辺に中国人がいるという話を聞いたことがある。しかしその数は、チャイナタウンと呼ぶほどの規模ではない。

ホーチミンシティのチョロンに住む中国系ベトナム人のルーツは、中国南部から苦力《クーリー》という、半ば奴隷のような形で移り住んだ華僑である。彼らの一部はハノイ周辺にも住んでいた。しかしベトナム戦争が終結し、政府が強制的に、中国人をベトナム人にしようとしたとき、大挙して中国に脱出する。その数は十三万六千人にもなったという。その後、ベトナムと中国の関係はますます悪化し、中越戦争にまで発展する。ベトナムに侵攻した中国軍は、ハノイの北のランソンまでを一時、占拠している。そんな流れも、中国系住民の脱出に拍車をかけた。

しかしそれは、ベトナム戦争後の混乱である。ハノイという街は、そのはるか昔から、中国を共有していた。

ベトナムの首都という発想で、ぼんやりとハノイを眺めていた。中国に似ていることは、この街に滞在するたびに感じとっていたが、わざわざ中国というフィルターを通すこともしなかった。

旧市街の近くの道を歩いていた。交差点に面した一軒のカフェがあった。以前、ハノイにはベトナムコーヒーを飲むことができるカフェが少なかった。コーヒーはフランスの影響が強い南の文化なのだ。それでも最近はホーチミン生まれのコーヒーチェーン店やカフェが増えてきた。歩道に並べられた椅子に座り、客の前に置かれたテーブルを見て、少し戸惑った。ベトナム南部なら、ホットかアイスのコーヒーと冷たいお茶というとりあわせなのだが、コーヒーを飲んでいる人がほとんどいないのだ。代わってテーブルに置かれていたのは白くて丸い急須と、日本酒を飲む猪口のような陶器だった。

ハノイの人たちは、こうやって緑茶を飲む。この写真だけなら、日本と変わらない

お茶のようだった。ハノイでベトナム人と夕食を共にすると、ときどき最後にお茶を注文する人がいる。急須に入ったお茶と小さな器が出てくる。日本と同じ緑茶だった。ただ、かなり濃くて苦い。欧米人が食事の後でコーヒーを頼むようなものかとつきあっていたが、彼らは昼間もお茶だったのだ。やはり中国だった。中国人の多くは、大きめの器に湯を入れ、そこに茶葉をぱっぱっと投げ込んで飲む。やや飲みづらいが、前歯で葉を止めるという技を身につけるとなんとかなる。大陸的な大雑把な飲み方である。しかし小国のベトナムはそういう品のない飲み方はしないようだった。茶葉も中国はウーロン茶系が多いがベトナム北部は緑茶だ

った。

座った椅子の横に、途中をくり貫《ぬ》いた電柱があった。そこに急須が置いてあったので、それを指さして注文してみた。最初に出てきたのはコップに入ったただのお湯だった。

「これを急須に注ぐんだろうか……」

悩んでいると、急須がテーブルに置かれた。ふたをあけてみるとなみなみと湯が入っている。店員のおばさんが、急須のお茶を湯の入ったコップに注げという。

「お茶が濃いから、お湯で薄めて飲めっていうことだろうか」

「外国人だから、濃いお茶は飲まないと思っているのかな。僕ら日本人なんだから、たぶん平気、あの小さな器で飲んだほうが雰囲気があるじゃない」

隣のテーブルの小さな器を指さした。

苦かった。しかし緑茶特有の甘みもあるしっかりしたお茶だった。カフェインはかなり多そうだった。ハノイの人々は毎日、こんなお茶タイムをとっていたのだ。日本人よりはるかに多くの緑茶を飲んでいた。

後でわかったことだが、緑茶の飲み方はこれだけではなかった。ハノイの歩道では、風呂場にあるような低い椅子を数脚置き、中国製の安そうな魔法壜を傍らにしたおばさんをよく見かけた。客はコップに入ったお茶を飲みながら、煙草を喫っていることが多かった。店舗ももたないシンプルな茶屋だった。ここで飲まれるのも緑茶で、チャサインというらしい。一杯二千ドンから三千ドン、十円から十五円ほどで飲むことができるお茶だった。

「ハノイを歩くとき、水のペットボトルをもち歩く必要はないんですよ。暑い時期でも。喉が渇いたら、歩道の椅子に座って、チャサインっていえばいい。そこで水分補給ができるんですよ。一杯二十円もしないから、気軽なんです」

ハノイに数年暮らしているという日本人が教えてくれた。ハノイの人々は、カフェ以外でも頻繁に緑茶を飲んでいたのだ。完全にお茶文化圏だった。

豆腐を毎日のように食べることもハノイの食文化。ある日、ハノイのオフィス街を歩いていた。ちょうど昼どきだった。ビルとビルの間の路地に、サラリーマン向けの屋台が何軒も出ていた。入口の屋台では、大きな鍋で豆腐を揚げていた。日本でいう厚揚げである。

低いテーブルが並び、そこを囲むようにサラリーマンやＯＬが座っている。テーブルの上には、麺の塊と一口大に切った厚揚げ。その横には、ザルに野菜が盛られていた。客は器に入れたたれに、麺や厚揚げ豆腐をつけて食べている。訊くと、

「ブンダウマムトム」

という料理名を教えてくれた。

この料理の名前はホーチミンシティで聞いた。日本人と一緒にブンチャーを食べていたときだった。ブンチャーという料理は、ブンという麺をつくねや豚肉などが入ったたれにつけて食べるつけ麺である。そのとき、ザルに盛られたドクダミやミントなど、さまざまなハーブをたれに入れる。その葉にいろいろな効用があるというのだった。案内してくれた知人はこんな話をしてくれた。

「ブンチャーは、ハノイ料理ってことになっていますが、ハノイではあまり食べないんですよ。向こうではブンダウマムトム。たれのなかに肉は入っていないんです。その代わり、ブンと一緒に豆腐がついてくる。そのほうが健康的だと思いますけどね」

そのブンダウマムトムだったのだ。しかしホーロー製の盆のような器に盛られたブンと厚揚げの量はかなりある。ブンは麺というより塊になっていて、店員がハサミで一口サイズに切って出してくれる。

翌日にハノイ在住の日本人がすすめる店に行ってみた。旧市街の路地にある「ブンダウ55」という店だった。

厚揚げ豆腐はその場で揚げないといけない。ハノイ人の豆腐へのこだわり

「ブンダウ55」。この後10分で、すべての席が埋まった。昼の定番料理ですな

ブンダウマムトム。これで２人前。お代わり自由

あっさりとした料理だった。半透明のたれは、タイではガピというエビを発酵させたものを入れている。これがマムトムというようだ。こくはあるのだが、つけて食べるものが、ブンというそうめんもどきの麺と厚揚げ、そして野菜である。肉類はなにもないのだ。

主食はブンだから、おかずは厚揚げということになる。豆腐料理といってもよかった。料金は一人前が二万ドン、百円ほどである。豆腐だから、あまり高い金もとれないのだろうか。

ご飯の上におかずを載せてくれる大衆店を眺めても、必ず豆腐というか厚揚げがある。そのままトレーのなかに盛られた厚揚げや甘辛く煮込んだ料理もある。

豆腐を気にしながらハノイを歩いていると、さまざまなところで出合うのである。ハノイは豆腐の街……いや厚揚げタウンといってもよさそうだった。

訪ねた回数はハノイよりホーチミンシティのほうが多い。しかしホーチミンシティの食事を思いだしても、豆腐料理が浮かんでこない。食材でいったらホーチミンシティのほうが守備範囲が広いのだが、豆腐料理は少数派である。しかしハノイでは、トップスリーに入ってくるような勢いなのだ。

ハノイのなかの中国――。それはビアホイに流れる空気でもある。ビアホイとは本来、ベトナムのビールメーカーがつくるやや薄くて安い生ビールのことだった。その後、ビアホイを出す店もビアホイと呼ぶようになってきた。はじめて飲んだのはいつ頃だろうか。少なくとも十年以上は前だった。当時は悪い噂が絶えないビールだった。客の飲み残しを水で薄めて出しているという話はよく聞いた。それでも安ければいい、という発想に傾いていくのが酒飲みというもので、僕は金のない旅行者だったから、迷うことなくビアホイに手が伸びた。最初の頃は、やかんに入っていたような記憶もある。

ビアホイが生まれたのがハノイである。安いビールは、悪評をものともせずに全国に広まっていったわけだ。そのうちにビアホイはビール好きの欧米人の耳に届き、安ホテルのフロントで、

「ビアホイはどこで飲める？」

などという英語が飛び交うことになる。ハノイの外国人向け安宿が多いエリアでは、普通のビールしか置いていなかった店が、

「ビアホイあります」

などという看板を掲げるようになっていった。通常のビールは一杯一万ドン、五十円ほどだが、ビアホイは六千ドン程度で飲むことができる。粗悪なビールらしい

噂は彼らも知っていて、

「あまり飲むと明日、辛いらしいよ」

などといいながらグラスを重ねているのだ。

ベトナム人の間でもビアホイは進化していく。ビールのつまみ系の食事をより充実させ、ビアホイレストラン化してきている。その進化と密度で、ハノイは先頭を走っている。

なぜこれだけ、ハノイにビアホイが多いのだろうか。想像をたくましくすると、昼酒に辿り着く。ビアホイのなかには、昼から店を開くところが少なくない。そしてけっこう客が入っている。もともと昼酒に抵抗がなかった雰囲気が伝わってくる。そのにおいが中国に似ているのだ。

ロシアや欧米でも昼から酒を飲む人は多い。しかし東南アジアに目を向けると、昼から酒を飲む人は少ない。タイ、カンボジア、ラオス、ミャンマーといった上座部仏教圏の人々にとって、酒を慎むことは、一般人が守らなければいけない五つの戒律のひとつである。そうはいっても酒の味を覚えてしまうと戒律は、積乱雲が浮かぶ空に霧散していってしまうのだが、やはり後ろめたさは残る。日が落ちれば許される部分も出てくるのだが、昼酒への壁は高い。マレーシアやインドネシアはイ

ここがハノイでは人気のビアホイ。ビアホイ屋が数軒並んでいるが、ここがおいしいとか。店名をメモしよう

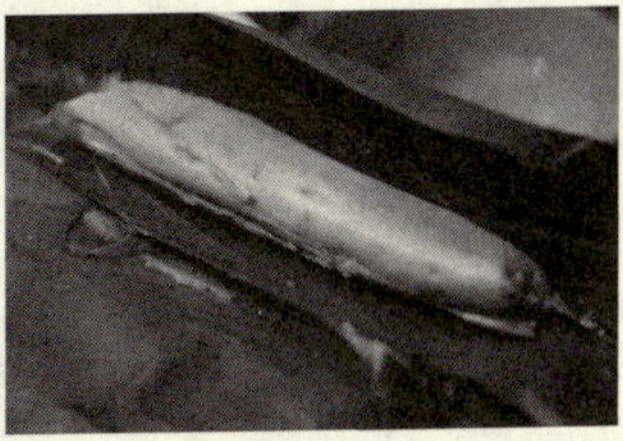

凝った料理も最近のビアホイにはある。これはひき肉の包み焼き

ビアホイは５杯以上飲むと、翌日、頭痛……とベトナム人。なにか悪いものが入っているという。単なる二日酔いの気もするが

スラムの教えに縛られることになる。

ベトナムは仏教徒が多い国だが、ここでも北宗仏教系と南宗仏教系に分かれる。北宗仏教は中国の大乗仏教だと思っていい。そして南宗仏教は上座部仏教の影響を受けている。やはり北と南なのだ。ハノイでは平気でも、ホーチミンシティになると、昼の酒には後ろめたさがつきまとってくる。

しかし昼のハノイのビアホイに流れる空気は、もう少し汚れている。党の幹部とか、社会主義体制のなかでの利権がビアホイの上に渦巻いている。このあたりが中国にそっくりなのだ。ビアホイで昼からビールを飲みながら、頭のなかで電卓を叩いているのは、かなり序列の低い役人なのだろうが、それだから賄賂のにおいが露骨に漂ってくる。

ホーチミンシティのビジネスマンは、出張でハノイにやってくることが多い。政府関係者との交渉や許認可となると、どうしてもハノイになってしまうからだ。そこに裏金が介在するのがベトナム社会だから、政府関係者との会食はつきものだ。となると、相手によっては昼からの酒になる。それをこなしていかなくてはならない。ホーチミンシティのビジネス社会は忙しい。昼から酒を飲んでいる暇はない。加えて上座部仏教系の論理が強いから、昼の酒は身近なものではない。彼らはハノイに出張で出向くたびに、その違いを埋めていかなくてはならない。

「それが昼間の酒であっても、会ってくれればまだいいんです」

ひとりのベトナム人がいった。彼はホーチミンシティの商社で働いている。買い付けた商品が来月に届く。その許可を得るためにハノイに出向いたという。しかし返ってきたのはこんな言葉だったという。

「テト前に、そういう面倒な仕事をもってくるのは、どうかね」

テトとはベトナムの正月である。旧暦の正月で、一月下旬から二月あたりになる年が多い。彼がハノイにやってきたのは十二月だった。その時間感覚の違いもまた、ハノイとホーチミンシティの間には横たわっている。

路上から聞こえてくる声もハノイとホーチミンシティでは違った。あるとき、ハノイのホアンキエム湖の北側の交差点の角にあるカフェに座っていた。すると交差点で、後部に大きな荷をくくりつけたバイクとおばさんが運転するバイクの接触事故が起きた。おばさんのバイクが転倒し、前方のプラスチックカバーがはずれ、路上に転がっていた。

示談ですみそうな事故だった。しかしおばさんは激昂し、荷物を積んだバイクを運転していた青年に向かって怒鳴りはじめた。髪をふり乱し、すごい剣幕である。

店内にいる僕の耳にも、その声が届くほどだった。

それを見た通行人が呼びにいったのか、しばらくすると警官が現れた。しかしおばさんは、その姿が目に入らないのか、青年に食ってかかりそうなほど興奮している。その勢いに気圧されたのか、警官は割って入ることもできず、ただ路上に立っているだけだった。やがて、「これはだめだ」と思ったのか、警官は帰って行ってしまったのである。

こんな光景を上海の路上で何回も見たことがある。ここで自己主張しないと不利になるとばかりに、怒鳴り散らす中国人は多かった。女性が手を上げるところを目撃したことも一回や二回の話ではない。

中国という国の人口圧のようなものがそうさせるのかとも思っていたが、ハノイもそうだったのだ。冷静な話し合いにもっていく余裕がなくなってしまうのだ。ホーチミンシティでも、バイク同士の事故はよく起きる。車やバイクの密度は、ハノイより高いのだから、それは当然だった。しかしホーチミンシティでは、大きな騒ぎになることは少ない。互いの話し合いがはじまるのだ。

中国の血——。それはハノイにも通じているようだった。この街は千年以上も中国だったのだ。

ビアホイで目にした男性用トイレ。小便用です。流しではありません

ハノイにしばらく滞在した僕は、バスに乗ってディエンビエンフーに向かった。ハノイのミーディンバスターミナルを夕方に出発する夜行バスだった。夜中の一時頃だっただろうか。バスが停車し、僕はぼんやりした頭でトイレに入った。

「ん？」

便器はなく、小便用の溝がつくられているだけだった。奥を見た。そこにあったのは、腰の高さまでの仕切りはあるものの、しゃがんだ姿や尻が丸見えになってしまう中国式のトイレだったのだ。いや、いまの中国では、かなりの田舎に行かないと出合えない昔ながらのトイレだったのだ。

一瞬、中国にいるような錯覚すら覚えた。

ベトナムの北部は、トイレまで中国と同じだったのだ。この一帯はベトナムでも田舎だから、住民の多くは、中国へ行ったこともないかもしれない。昔の中国では、同じスタイルのトイレだったことを知らないのだ。それがあたり前なことのように、俗にいうニーハオトイレをつくるのだ。たぶん、南部のベトナムでは、大便用のトイレは個室で、水で流すスタイルであることも知らないのだろう。

ここまで同じだったのか。

僕は夜中のトイレのなかで、ぼんやりと立ちつくしてしまった。

ハノイ・ヒルトンという捕虜収容所

ハノイ市内にホアロー収容所という建物がある。もともとはフランス植民地時代につくられた刑務所で、ベトナム戦争時代は、アメリカ兵の捕虜収容所として使われていた。いまは二万ドンの入場料をとって開放されている。

アメリカ兵たちは、この捕虜収容所を「ハノイ・ヒルトン」と呼んでいた。『ジャングル・クルーズにうってつけの日』（生井英考著、筑摩書房）によると、捕虜たちは、収容所内の施設にさまざまな名前をつけていた。

――連行された捕虜たちが裸で放り込まれ尋問されるのは「新参者村《ニュー・ガイ・ヴィレッジ》」、次に監禁される二メートル足らず四方の独房は「ハートブレイク・ホテル」、そしてハノイ・ヒルトンのなかにつくられた新しい独房棟は「ラス・ヴェガス」と呼ばれていた。北側の壁は「サンダーバード」で、北東の角は「ミント」、東の壁に沿って並ぶふたつの独房棟はそれぞれ「砂漠の宿《デザート・イン》」と「スターダスト」だった。

収容所の敷地の一部にはいま、高級そうなマンションが建っている。かつての捕虜収容所に住む……あまり気が進まないが、ベトナム人は、あくまでも現実的である。

アメリカ共和党の重鎮、マケインは、この収容所にいた。捕虜として収容されていた年月は五年を超える。海軍のパイロットだった彼は、一九六七年十月、ハノイの火力発電所爆撃のために操縦桿を握っていた。しかし北ベトナム軍の高射砲に撃ち落とされ、捕虜になった。

北ベトナムはマケインを利用しようとする。彼の父がアメリカ太平洋軍の司令長官であることがわかったからだ。マケインをすぐに釈放することで、「北ベトナムは人道的」というイメージを発信しようとするのだ。しかしマケインはこれを拒否。捕虜のなかで最後にアメリカに戻ったといわれる。この話は、ベトナム戦争終結に向けたパリ協定の話し合いのなかで公表され、マケインは一気に、「ベトナム戦争の英雄」になっていく。

オバマ政権の国務長官のケリーもまた、ベトナム戦争の英雄である。国務長官は、日本でいう外務大臣にあたる。

一九六六年、ケリーは海軍に入隊。一九六七年、高速哨戒艇の艇長として、南ベトナムでの任務に就いていた。南ベトナム解放民族戦線の拠点近くの運河

ホアロー収容所跡。ベトナム戦争時代は捕虜の収容施設だった。背後に建つのは、ベトナム人向け高級マンション。収容所の敷地内に建っている

をパトロール中に、ロケット弾の砲撃を受けた。ケリーはあえて待ち伏せする解放戦線に近づいて応戦し、乗組員を救った。その翌日、哨戒艇は機雷に接触し、激しい銃撃を受け負傷した。一連の戦闘で、ケリーは数々の勲章を受けとっている。

ベトナム戦争後のアメリカは、その評価をめぐって、完全にふたつに割れていた。戦争終結へのシナリオを描いたキッシンジャーはその状況を、「ほとんど内戦」といったほどだった。

ベトナム戦争中に消息不明になったアメリカ兵の捜索が本格化するのは、クリントン政権になってからだった。しかしクリントンには、ベトナム戦争への負い目があった。彼はベトナム戦争中にイギリスのオックスフォード大学に留学し、徴兵猶予を得ていた。そして、ベトナム戦争反対のデモにも参加していた。反クリントン派が彼につけたレッテルは、「徴兵逃れの反戦リベラル」だった。

そんなクリントンに代わり、消息不明のアメリカ兵捜索の前面に出ていったのが、民主党のケリーと共和党のマケインだった。アメリカの世論は割れていた。政府は「ベトナムの影」から脱出できずにいた。そのなかで、ベトナムとかかわることができたのは、「ベトナム戦争の英雄」しかいなかったのだろう。人々にはそれぞれの思いもあったのだろうが、アメリカ国民という立場に立てば、一目置かれるのが「ベトナム戦争の英雄」だった。マケインとケリーは、ときに一緒にベトナムを訪ね、アメリカとベトナムを結ぶことになる。

一九九五年、アメリカはベトナムとの国交正常化を発表する。ホワイトハウスで文書を読みあげるクリントン大統領の脇にはマケインとケリーが立っていた。この国交正常化をアメリカ国民が受け入れるためには、「ベトナム戦争の英雄」が必要だったのだ。

ホアロー収容所には、ベトナム戦争をめぐるさまざまな記録が展示されている。アメリカ人捕虜の写真もあるが、皆、平穏な捕虜生活を送っているものばかりだ。日本のベトナム戦争反対運動の写真や記録も展示されている。ベトナム特有のプロパガンダだが。

第七章　田舎と都市の格差に潜む社会主義

ベトナムを旅していると、ときどき、悩むことがある。訪ねる街によって、物価がかなり違うのだ。インターネットに、さまざまな質問をして、詳しい人が答えてくれるサイトがある。ベトナム旅行を計画している人が投げかける、「ベトナムの物価を教えてください」という質問は、実はかなりの難問のように思える。

たとえばコーヒー。ホーチミンシティの路上やローカルカフェでは一万ドン、五十円ほどで飲むことができる。コーヒーの産地であるバンメトートも一万ドンという店が多かった。しかしハノイに行くと二万ドンに跳ねあがる。欧米人向けの高級カフェの話ではない。旧市街の歩道にテーブルを並べたような大衆カフェでの話だ。客はほぼベトナム人である。彼らも皆、それがあたり前のように二万ドンを払っている。

ベトナムは南北に長い国である。ホーチミンシティとハノイを結ぶ列車の距離は千七百キロ以上ある。たしかに距離は長いが、日本の本州よりは短いのだ。そして日本の物価は南と北でベトナムほどの違いはない。青森の喫茶店のコーヒーが五百

チャドックはメコンデルタに広がる街。プノンペンからのボートもこの街に着く

円で、広島では千円といった違いはない。しかしベトナムでは、それが平気で起きてしまう。

しかしさらに悩むのが、地方の小さな町の物価である。そこにある一軒のカフェに入り、コーヒーを頼んで、四千ドンなどといわれると、この国はどういうことになっているのだろうか……とコーヒーカップを前に首を傾げてしまうのである。大都市と地方では物価に差があることはわかる。しかし幅が大きすぎるのだ。

それはホテルの値段にもいえた。ここ一、二年、僕が泊まったホテルの値段を列挙してみる。すべてベッドがふたつのツインの部屋の料金である。

チャドック＝二十五万ドン（約千二百五十円）
ホーチミンシティ＝二十四万ドン（約千二百円）
バンメトート＝十六万ドン（約八百円）
ドンレー＝十四万ドン（約七百円）
ハノイ＝二十六万ドン（約千三百円）
ディエンビエンフー＝二十五万ドン（約千二百五十円）

チャドックはホーチミンシティからバスで七時間ほどの街である。メコンデルタにある街でそれなりの規模があった。ドンレーはダナンとハノイの中間ぐらいにある小さな町だ。中心地にホテルが一軒とゲストハウス風の宿が一軒だけあった。ディエンビエンフーはベトナムの北部。ラオスに近い街である。かなりの軒数のホテルやゲストハウスがあった。

どのホテルも設備に大差はなかった。エアコンに扇風機、温度や水圧はまちまちだが、一応、お湯のシャワーもあった。そしてどこもＷｉ－Ｆｉの電波が飛んでいて、無料でインターネットを使うことができた。ベトナムの宿はゲストハウスレベルでもＷｉ－Ｆｉが使えることが多い。政府の指導があるような気がする。

建物は平屋から五、六階建てのビルとまちまちだった。ホーチミンシティで泊まったのは、デタム通りの裏にあるゲストハウスで、部屋は五階だった。ベトナムのホテルは、Ｗｉ－Ｆｉはあっても、エレベーターがないことが少なくない。五階の部屋に上るときは、かなり息が切れた。

どこの宿も値切った料金ではない。ベトナム語だが、数字はわかる。フロントや部屋に料金表を掲げてあることが多い。フロントで訊くと、そこに示された料金の一、二割引きの宿代を伝えられることもある。なんとなくそれで決まってしまう。

宿代は安いに越したことはない……というタイプだから、ドンレーという町で、十四万ドンとわかったときは、ちょっと感動してしまった。

そのときは列車でベトナムを北上していた。いったい宿があるのかもわからないまま降りた駅だった。言葉が通じないバイクタクシーに乗ると、一軒家のような家の前で降ろされた。「ＨＯＴＥＬ」という英語の看板もない。建物のなかに入ると、中国式の立派な椅子が置かれ、その奥にフロントらしいカウンターがあった。

そこでも言葉は通じなかった。しかし泊まろうとしている意思は通じるもので、フロントにいた若い女性が、引き出しから十万ドン札と一万ドン札を四枚とり出した。

「十四万ドンってこと？」

カメラマンと顔を見合わせた。安かった。ホーチミンシティのゲストハウスの半額とまではいかなかったが、十万ドンも値が下がった。

少し気になったので部屋を見せてもらった。一階だった。ベッドがふたつある、そこそこの広さの部屋だった。シャワーには温水器がついている。ベッドには天蓋があり、蚊帳までついていた。僕のような旅行者には、なんの文句もない部屋だった。

ベトナムではときに、ホテルのスタッフが部屋まで案内してくれて、テレビやエアコンの操作を教えてくれたりする。なんとなくチップがほしいのか……と勘繰ってしまうことがある。しかし、このホテルは、鍵を渡してくれただけだった。

部屋に入り、タオルと石鹼がないことに気づいた。フロントに出向くと、理解してくれたようで、脇の棚を教えてくれた。そこにはタオルが積んであり、横に石鹼も置いてあった。商売っ気というものが、どこにもなかった。客は僕らだけのような気配だった。

町といっても、小さな市場と、その向かいに十軒ほどの店が並んだ商店街があるだけだった。市場の入口の店でコーヒーを飲んだ。しっかりとドリップしたコーヒーだったが、四千ドン。ホーチミンシティの半値以下だった。夕食は商店街のなかに一軒だけある食堂でとった。町唯一の食堂といった雰囲気だった。個室に案内された。これは高いかもしれない……一瞬、足が止まったが、メニューに書かれた金額は、それまで乗って来た列車の車内販売より安かった。

この物価の違いはなんだろうか。ベトナムには、ホーチミンシティ、ハノイ、フエ、ダナン、ニャチャンなど、外国人観光客も数多く訪ねる突出した物価の高いエリアがあるのではないか。ひとつの国のなかに、物価が倍ほども違うエリアが存在しているのではないか……。そんな気にもなったものだった。

ベトナムの地方は安い——。そのとき、僕は、そんな推測に傾いていった。

伏線があった。その二日前に、僕らは一泊、五十ドルもするホテルに泊まっていたのだ。あえて前述の宿代比較に加えなかったのは、街なかにあるホテルではなく、海に面したリゾートホテルだったからだ。

ホーチミンシティから列車で北上しようとした。降りる駅はできるだけ有名な街を避けようと思った。ニャチャンの手前にあるタップチャンという駅までの切符を買った。

「タップチャンですか……」

ホーチミンシティで暮らす日本人は口を開いた。なんでもいま、売り出し中のビーチリゾート地帯だった。ベトナムのリゾートといえば、ニャチャンが有名だった。おそらくニャチャンのビーチはホテルを建てるスペースも減り、新しいリゾートをタップチャンにつくっているようだった。そんなことも知らず、降りる駅を決めてしまった。

「下川さん、いつも安い宿ばかり泊まっていないで、たまにはビーチリゾートの世界を見てみるのもいいんじゃないですか」

知人は冗談めかして続けたが、彼にはそれなりの意図があった。そのビーチリゾートに泊まってわかったのだが、そこに泊まっているのは、ベトナム人だけだったのだ。新しいホテルで、欧米などでの知名度も低かったのかもしれない。知人が僕に見せたかったのは、一泊五十ドルのリゾートホテルで休暇を楽しむベトナム人が出現してきているということだったように思う。

コテージ式のリゾートに一泊し、朝、レストランに出向くと、こざっぱりとしたベトナム人ばかりだった。老人と一緒にやってきた家族も二、三組いた。ベトナム戦争終結後、アメリカに亡命し、やがてベトナムに戻ってきた富裕層だろうか……などと考えてもみる。しかし中年夫婦もいたし、若者だけのグループもいた。彼らにとって、ビーチリゾートは特別のものではないようだった。

朝食を終え、フロントに出向いた。タップチャン駅までの足を訊きたかったのだが、それが当然のことのように、車について訊かれてしまった。

「いえ、タップチャン駅へ出たいんですが、バスは何時に？」

「バスですか？　それから列車に乗るんですか……」

スタッフは慌ててパソコンを叩きはじめた。想定外の質問だったのだ。ここにやってくる人は皆、自分の車でホーチミンシティからやってくるのだ。

宿代は五十ドルと聞いていた。ベトナムドンで払うことにしたが、五十万ドン札が二枚必要だった。

五十万ドン札というのは、僕にとっては大金だった。宿代は十万ドン札の世界であり、食事は一万ドン札や二万ドン札を使うことが多い。市内バスは千ドン札が必要になる。両替やキャッシングをして、五十万ドン札を受けとってしまうと、少し困った。支払いのときにこの札を出すと、嫌な顔をされそうな気がしたのだ。

しかしこのリゾートホテルの支払いで、その五十万ドン札が二枚も消えていった。ここにやってくる人々は、僕よりゼロの桁がひとつ上の札に慣れている人たちだった。

ドイモイははじめこそ迷走していたが、その後、ベトナム経済は一気に軌道に乗った。海外からの投資も急増した。進出した日本企業も少なくない。はじめは日本から中古バイクの輸入などをしていた会社も、いまやホーチミンシティのなかで立派なオフィスを構え、ベトナムでのビジネスを手がけている。

富裕層や中間層が次々に生まれていた。ベトナムは若い国だ。タイやマレーシアに比べると若い労働者の割合が多い。労働人口に支えられて、ベトナム経済の右肩あがりの時代はしばらく続くだろう。

ベトナムの新しい豊かさ——。それを目のあたりにし、僕は夜行列車に揺られてドンレーの町までやってきた。宿代は七分の一になった。蚊帳をおろしたベッドに横になり、経済成長に乗ったホーチミンシティと地方の田舎町の激しい格差を考えていた。

それはベトナムの将来への不安でもあった。そんな思いは、自著『鈍行列車のアジア旅』(双葉文庫)やブログのなかでも綴っていた。

それには理由があった。その頃、タイでおきた暴動の取材も進めていたからだ。

二〇一〇年のことだが、タクシン元首相派の、市内中心部占拠が続いていた。そのなかを連日、歩きまわっていたのだが、その途中、ホーチミンシティで用事があった。翌朝の七時台に出発するエアアジアに乗ることになっていたのだが、その日の午後、バンコクに外出禁止令が出てしまった。初日は午後十時から午前六時までだった。飛行機は飛ぶのだろうか。いや、そもそも、空港に行く手段がない。外出禁止令が敷かれているのだ。

情報が錯綜していた。飛行機に乗る人は航空券を提示すればいい……という話もあった。しかしタクシーが動いていない。

知りあいを通してタクシー運転手に相談した。彼は警察に話をつけてくれた。タクシー代は、通常の倍以上の七百バーツだったが。

まだ暗いバンコクの街をタクシーは走った。さすがに人通りはなかったが、ゆるゆるの外出禁止令だった。市場ではすでに電灯がついていた。高速道路上はトラックも走っていた。考えてみれば、外出禁止令が出たのはバンコク市だけだった。高速道路は隣接県まで延びているから、トラックは入ってきてしまうのだ。

空港は混乱していた。朝のホーチミンシティ行きは欠航になっていて、午後便への振り替えが必要だった。

バンコクの騒乱は、突き詰めていけば、首都と地方の衝突だった。タクシンという元首相は、貧しい東北タイの農民の救済に政治生命を懸けるようなタイプではない。三十バーツ、約九十円ですべての治療が受けられる医療制度、全国均一の最低賃金制度……といった法案を次々に通し、東北タイ、出身地である北部タイの票田を確保することで長期政権を勝ちとった政治家だった。詳しい解説は省くが、タクシンが率いる政党は、二回、解党命令を受けているが、その後の総選挙では、タクシン元首相系、俗に赤シャツ派が勝つということを繰り返してきた。

この政情にバンコクっ子は反発する。バンコクに昔から暮らす人々は、代々の利権をもっている人が多かった。彼らは、東北タイの農民層の票を後ろ盾に台頭してきたタクシンという新興勢力に警戒感を露にした。表面的には、タクシンがかかわったという汚職への抗議だったが、心情的には東北タイや北部タイをとり込もうとする優遇策への不快感が渦巻いていた。たとえば全国一律の最低賃金制度である。バンコクと地方の物価は、二〜三割違う。もちろんバンコクのほうが高い。そこで同じ最低賃金という法律は、地方の人には嬉しいが、バンコクの人は納得ができない。しかしあからさまに旗を揚げると、貧しい人を無視する既得権者……という視線を向けられてしまう。バンコクっ子のフラストレーションは溜まっていく一方だった。

不満は日々の生活の細部にはけ口を求めていく。

バンコクのタクシードライバーや路上を走りまわるバイクタクシーのドライバー

は、東北タイからの出稼ぎ者が多い。バンコクっ子は、言葉の訛りで、すぐに出身地がわかってしまう。

「そんな道も知らないのかい。それでよくタクシードライバーが勤まるね」

「汗くさいんだよ。ちゃんとシャワー浴びてるの？　東北タイの人間は、肉ばっかり食ってるからしかたないか」

東北タイ出身者は、そんな嫌がらせに耐えながらハンドルを握っているのだ。そこから憎しみの連鎖がはじまっていく。

タクシン派、通称赤シャツ派の占拠は、外出禁止令や軍の出動という事態まで招いてしまった。最後には、バンコク市街のあちこちで火の手があがった。近代的なビルやショッピングセンターに火を放ったのは、日々、バンコクっ子にいじめられているバイクタクシーやタクシーのドライバーのような気がしてしかたない。短絡といえばそれまでだが、都会と地方の人々の軋轢は、思った以上に深いような気もする。

日本人には少しわかりにくい感覚かもしれない。僕は信州の松本にある高校を出て東京に出た。はじめこそ山手線や道ゆく人、垢抜けた空気に緊張していたが、バンコクのような陰湿な差別は受けなかった。

僕はアジアを足繁く歩く旅行者だが、都会と地方の格差は、ひとつの社会問題のような気もする。タイはそこに政治が絡んできてしまったから、話はより難しくなってきているのだが。

バンコクからホーチミンシティやハノイに向かうことは多い。いつもバンコクが抱え込んでしまった矛盾をいっぱい吸ってベトナムの空港に降りたつ。そしてホーチミンやハノイという都市にしばらく滞在して地方に出る。はじめこそ、半分以下になる物価に小躍りしていたのだが、よく考えてみれば、それはベトナム社会のいびつさを示していたのだった。いや、そう思っていた。しかしそれは、タイや日本の状況をベトナムにあてはめただけのことだった。

バンメトートに泊まったときだった。大通りに沿った一軒のホテルだった。フロントには白いシャツに黒っぽいズボンという質素な服装の女性がひとり座っていた。宿代は十六万ドン、約八百円だった。ホーチミンシティやハノイを離れれば、物価がぐんと安くなることを知っていた。しかし十万ドン札二枚をさしだすときの気分は、やはり嬉しかった。

「安いでしょ」

その女性スタッフが口にした。

バンメトートのフォー屋。その料金はほかの街と変わらないのだが

「え、まあ……」

と口を濁した。

「ここは安すぎるんですよ」

なにか他人ごとのような言葉が少し気になった。

部屋は四階だった。エレベーターはなかった。階段を二階まで上ると、大きめの部屋があり、ドアが開いていた。なかにはテーブルがコの字形に並べられていた。会議室のようだった。

僕らの部屋はごく普通のツインルームだった。小さめのベッドがふたつ。古そうな椅子が二脚。あまり熱くはならない温水器のあるシャワー室……。どこからともなく漂ってくるものがあった。

意味もなく広い廊下。使っているのかどうかもわからない会議室。簡素なだけの部屋。英語をそこそこ話すのだが、どこか他人ごとのようなスタッフの態度……。国営のにおいだった。

翌朝、フロントに行くと、別の女性スタッフがいた。カウンターに幼い女の子を乗せ、ご飯を食べさせていた。

「このホテルは国営なんですか」

「ええ」

そんなことも知らなかったの？　といった口ぶりだった。

壁で仕切られてはいるが、隣はベトナム航空という国営航空会社のオフィスである。このホテルが入っているビルは国営系のようだった。ベトナムは社会主義国だから、国営ホテルがあってなんの不思議もなかった。

社会主義系の国々で国営ホテルに泊まることは少なくない。それとわからずに利用していることもある。最近は海外資本が入ったホテルも多いから、その区別も難しい。

純粋な国営ホテルの館内に流れる空気は、どこか緩んでいる。民間のホテル、なかでも星の数が四個～五個レベルのホテルのスタッフの目配りの足許にも及ばない。

バンメトートの国営ホテルも、入口脇にいつも男性スタッフが座っていた。こちらが話しかけてもなにも答えず、デスクに置かれたパソコンをいじっている。ちらっとその画面を見ると、トランプのカードが並ぶゲームだった。一階のトイレの前では、女性スタッフが自分の下着を洗濯している。ここが一泊二万円、三万円といったレベルなら納得がいかないのだが、国営ホテルといっても一泊八百円なのだから、さして気にもならなかった。費用対効果のバランスが妙に保たれていた。

そこに流れる金銭感覚の歪みがベトナムなのかもしれなかった。

ベトナム南部は、三十九年前、突然、資本主義社会から社会主義に変わった。ほかの社会主義国は、民衆の蜂起、革命勢力と旧体制の間の戦闘、土地の国有化……とそれなりの手順を踏んで社会主義国になっていった。しかしベトナム南部には、その過程がない。人々は、資本主義経済の体質を体に残したまま社会主義を受け入れなくてはならなかった。

商売は禁じられ、食糧は配給制になった。企業は国有化され、農民は集団農業に組み入れられていった。

しかしその社会主義経済はまもなく破綻する。十年後にはドイモイが導入される。ホーチミンシティで生まれ育った五十代の男性は、こういった。

ハノイのカフェのコーヒー。その味は、ホーチミンシティと変わりはない

「昔に戻っただけでしょ」

彼のいう昔とは、資本主義経済の時代だった気がする。彼の体には、しっかりとその体質が刷り込まれているのだ。しかしベトナム政府は、社会主義を放棄したわけでもなかった。体制はしっかりと残されているのだ。

しかしベトナム北部の社会主義の歴史は長い。日本軍が撤退した後の一九四五年、ホー・チ・ミンは、「ベトナム民主共和国」の独立宣言を行う。その後、フランスがベトナムに復帰し、第一次ベトナム戦争がはじまるのだが、そのとき、ベトナム北部の多くのエリアは社会主義化していた。つまり七十年ほど前、すでにベトナム北部は社会主義の社会だったのだ。ベトナム北部に暮らす人々の大多数は、社会主義しか知らないわけだ。

こういう国を僕は知らない。社会体制の違う西ドイツと東ドイツはベルリンの壁が崩壊してひとつの国になった。内部にはさまざまな軋轢もあるのだろうが、ひとつの体制の国になった。しかしベトナムは、その先にもうひとつのねじれがある。ドイモイを、「昔に戻っただけ」というのは誤解でもある。いや、彼らはわかっている。曲解することで、身体に染み込んだ体制に導こうとしている。ベトナム人は巧みで、したたかな人たちなのだろう。

ファムグーラオ通りやデタム界隈の歩道の上に、水や煙草などを並べているおばちゃんがいる。二日もいると、すっかり顔を覚えられ、前を通るたびに水を売りつけられる。ある日の午後、デッキチェアを日陰に置き、そこでおばちゃんが昼寝をしていた。水以外の飲み物はなにがあるのかと思い、近づいてみると、おばちゃんはがばっと身を起こし、英語を口にする。

「お茶、二万ドンだね」

その商売根性にたじたじとなる。しかし今日もドンレーの宿では、ゲストハウス並みの宿代に何の不満も抱いていない。そしてハノイの人たちは、ホーチミンシティの倍もするコーヒーを当然のようにして飲んでいる。

とにかく遅い、ベトナムの列車旅

ベトナムの鉄道はすべて国営である。といっても、路線が充実しているわけではない。ホーチミンシティとハノイを結ぶ南北線のほか、ハノイ―ドンダン、ハノイ―ラオカイ、ハノイ―ハイフォンなどの支線がある程度だ。幹線である南北線は統一鉄道ともよばれる。

これまでホーチミンシティとハノイ間、ハノイからドンダン間を乗った経験がある。

遅い――。これがベトナムの列車の第一印象である。はじめて乗ったのは一九九六年である。ドンダンからハノイまでというローカル線に乗った。第四章でも紹介しているが、当時は、中国からの物資をハノイまで運ぶ人たちが膨大な荷物と一緒に乗り込む列車だった。乗りきれない人や荷物は屋根に乗せた。列車は気が滅入るほど遅かった。時速十八キロほど。なにしろ乗客はホームではなく、線路脇に立ち、走行する列車に飛び乗ってしまう。その程度のスピードだった。

途中、屋根に乗っていた乗客が、荷物を落としてしまった。進行方向とは逆向きに走る足音が天井から響いた。やがてその青年は、列車の最後尾から線路に飛び降りた。そして落としてしまった荷物を拾うと、それを手に、列車を追いはじめた。やがて列車に追いつき、はしごを上って屋根の上に戻ったのである。なにごともなかったかのように進む列車のなかで、溜息をついてしまった。ベトナムの列車は涙が出るほど遅かった。

二年ほど前に、同じ路線に乗ってみた。運び屋たちは姿を消していた。列車も少しスピードがあがっていた。それでも時速四十キロほどだったが。

ローカル線の乗車体験で、ベトナムの列車を語ってはいけないだろう。ホーチミンシティとハノイを結ぶ列車の話をしなければ、ベトナム国鉄に悪い気がする。

ホーチミンシティとハノイ。日本でいったら東京と大阪に相当する。人口が九千万人に達しようとする国の二大都市である。人の往来も頻繁だ。かなりの本数が運行しているのではないか……と時刻表を見た。

「五本？」

一日五本しか列車は運行していなかった。日本の新幹線の密度と比べると、やはり国営ということになってしまうのだろうか。

ホーチミンシティとハノイを結ぶ列車は、SEという記号がつけられた急行が四本、停車駅がやや多いTNが一本という二種類があった。ニャチャン、ダナン、フエといった大きな街のみに停車する最も早い急行の所要時間は二十九時間三十分だった。ホーチミンシティからハノイまでは千七百二十六キロ。時速六十キロ弱で結ぶ。最も遅いTNは四十二時間三十分だから、時速四十キロほどになる。二年ほど前は、このTNを中心に乗り継いで北上していったが、車窓を流れていく風景を眺めながらついて出る言葉は、やはり、

「遅い」

だった。

このホーチミンシティとハノイを結ぶ列車以外にホーチミンシティとハノイから数時間の距離だけを走る各駅停車もある。しかしそれも一日に一、二本程度である。移動の足として考えれば、ベトナムの国鉄は頼りにならなかった。民間会社が運行するバスや飛行機になびいていってしまうのは無理のないことだった。

ベトナム中部までくると一日に一本の列車も停車しない駅が次々に出現する。

しかしその駅にも駅員が配置されていた。たいした本数はなさそうな貨物列車や通過する列車のためだけの駅員だった。国営だから、こんなこともできるのだろう。

ホーチミンシティとハノイを結ぶ列車は、寝台車と座席車両を連結して走る。寝台はソフトスリーパーとハードスリーパー、座席はソフトシートとハードシートに分かれる。僕はいちばん安いハードシートに乗ることが多い。ソフトシートは一回しか乗ったことがない。

ハードシートで夜行に乗るとき、ベトナム人は、ござとハンモックという就寝グッズをもち込む。背と背の間にハンモックを吊り、床にござを敷いて寝る。用意周到な人々である。

ホーチミンシティとハノイを結ぶ列車では、いかにも公務員っぽい車内販売員が、食事や菓子、ビールなどを売りにくる。しかし、ハノイ―ドンダン線のようなローカル線になると、普通のおばさんたちが商売として、車内販売を担当する。コーヒー、バゲット、菓子などを売り歩く。車掌や保線区員は無料。車内での販売を許可したことへの見返りである。列車が終着駅に近づくと、車内清掃も車内販売のおばさんたちが行う。これも販売を見て見ぬふりをする車掌たちへのお礼である。

ローカル列車の車掌は、本当に働かない。自分の利権を使って、車内販売おばさんに、さまざまな用事をいいつけるのだ。

これも社会主義国の公務員らしい話といいたいところだが、同じことがタイでも行われている。タイの鉄道も多くは国営で、職員は皆、公務員である。公務員という人種は、どの国でも、こういうことをする。それは社会体制とは別次元の話である。

第八章

在住者がすすめる週末ベトナム

現地の生活に溶け込むローカルな週末

古川悠紀

ベトナム人の妻とホーチミンシティ郊外で三年暮らしている身からすると、ホーチミンシティの一区はまるで観光客向けに作ったハリボテの町のように映る。お洒落な雑貨ショップが並び、コロニアル建築の建物に、中世ヨーロッパを思い起こさせるネオ・ゴシック様式のカトリック教会。もちろんこれらはフランス統治時代の名残であり、それなりの歴史を持っている。しかし、車で十数分走れば東南アジア独特の雰囲気が漂い、新興国らしい青空市場付きの素朴な風景に出会える。そこで、ベトナムの人々の定番の週末の過ごし方を紹介したい。

まず、サウナのような蒸し暑さで目を覚ます。窓越しに外を見やると、安全ベルトを装着した男が電柱に登って何やら作業をしていた。停電か、と溜息をつくと、今度は豪快なドリルの音が頭を殴った。井戸水から水道管に切り替える工事をしていたのだ。日常のこととはいえ、電気工事の音にはなかなか慣れない。隣に寝ている逞しいベトナム人嫁をたたき起こして昼前にはバイクを動かし、二十分ほど走ったところにある「カントリー・ハウス」というカフェに向かう。地元のなんてことのないカフェだが、雰囲気のよさとコーヒーがおいしいのとで、私と妻のお気に入りである。週末の日中はカフェで過ごすのが、ベトナム人の定番コースなのだ。

私のカフェ選びのポイントは、オープンテラス席であることと、室内に冷房が完備されていることだ。本来ならばテラス席で優雅なアフタヌーンを送りたいところだが、ホーチミンシティの日中の気温は三十度を上回るので、汗ばむ陽気であれば冷房が効いている室内に移って涼みながら旅の計画を練るのがおすすめだ。

カフェには広い庭があり、その中央には噴水が静かに水を噴き上げている。壁面は赤レンガに覆われ、無造作に置かれているアンティークチックな人形や置物は南フランスの片田舎に似ていなくもない。欧米人観光客の姿もちらほらうかがえ、それなりに繁盛していた。

カフェでの過ごし方は人それぞれ。周囲をうかがうとワイシャツを着たビジネスマンがパソコンを開いていたり、学生たちが談笑していたり、タブレットパソコンでオンラインゲームに打ち込んでコーヒー一杯で何時間も粘る人もいる。観光客も現地人に溶け込んでゆっくりと過ごすことができるだろう。ガイドブックを広げて次に行く観光スポットを考えるのもいいかもしれない。

私は妻とカフェで三時間ほど粘り、日が落ちた頃に地元に戻る。私が住むのはタンソンニャット国際空港から二十分ほど車で北上した場所にあるゴーバップ区という町だ。ホーチミンシティに住む者の間ではベッドタウンとして知られている。ここでも、観光地では見られないベトナムの風景を楽しむことができる。

たとえば自宅近くの公園に立ち寄ると、三十代から上は五十代くらいの女性が中央広場でエアロビクスに励んでいる。総勢三十人ほどいる集団で、音楽に合わせて軽快なダンスをしている。ベトナム人女性は華奢《きゃしゃ》で細身の体形の人が多く、それを維持することに日々努めている。なぜなら太ると伝統衣装であるアオザイが似合わないからだ。

公園を抜けるとレー・バン・トー通りが見えてくる。商店、問屋、食堂が並び、屋台の傍にはプラスチック製のスツールに座った若者たちがジュースを飲みながら談笑している。夕食はその通りから歩いて一分程度のところにある食堂でフォーを食べる。この味は他ではちょっと食べられない。しかも一杯百五十円と現地価格であるのも魅力だ。ホーチミンシティの観光地区のレストランで食べたら、二倍から三倍はするだろう。

お腹を満たしたあとは、ゴーバップ区最大規模のナイトマーケットへ。ガイドブ

毎夜開催されるが、金曜日と土曜日の夜は特に賑わう

ックなどで紹介されるのはベンタン市場周辺のナイトマーケットが多いが、こちらのほうがずっと大きい。通りは現地の若者で埋め尽くされ、縁日のような雑踏が百メートルにもわたって続く。売り子の掛け声や値段交渉のやりとりがいたるところで繰り広げられ、歩くだけで満喫できるし、屋台で食べるB級グルメはどれも中心の観光エリアではお目にかかれないものばかりだ。

このナイトマーケットのために、ホーチミンシティ中心部からタクシーを走らせる価値もあると思う。欧米ナイズされた一区ではなく、ベトナムの本質ともいえる光景に巡り合えるゴーバップ区で過ごす週末も悪くないはずだ。

■ゴーバップ（GÒ VẤP）区

ベンタン市場前バスターミナルから十八番バスに乗り、約三十分。または、一区の中心地からタクシーで約二十分。

■ハン・トン・タイ（Hanh Thông Tây）市場周辺ナイトマーケット。

【住所】Quang Trung street. Dist., GÒ VẤP.Hồ Chí Minh

子供を連れて「プチ・リゾート」へ

中安昭人

「お父さ～ん、今度の週末、どこか遊びに行きたいなあ」

八歳になる小学生の娘にせがまれると、「う～ん」とうなってしまう。私たちの住むホーチミンシティは、日本に比べると子供を連れて遊べるところが少ない。さらに私は土曜日も仕事だし、日曜日が休めるかどうかも、直前にならないとわからないから、なかなか予定が立てられない。予算だって限りがある。

そんな「悩めるお父さん」にとって大いにありがたいのが、一泊三千円前後のリゾート施設だ。ホーチミン市内からバイクで一時間半圏内に十数軒あり、どこもプールを併設しているので子供は大喜び。仕事が早く終わった土曜日に「これから行きたいのですが、空室はありますか?」と電話で聞いて、今まで断られたことがない。気軽にリゾート気分が味わえるということで、これを我が家ではいつからか「プチ・リゾート」と呼ぶようになった。ありきたりなベトナム観光に飽きたら、こんなプチ・リゾートを利用してみるのもよいだろう。

今現在、我が家のいちばんのお気に入りは「マンゴーガーデンリゾート」だ。ホーチミンシティからヴンタウという港町に向かう国道51号線を少し入ったところにある。日帰りで遊びに来る人も多い総合レジャー施設だ。ベトナムではこうした施設をKhu Du Lich（直訳すると旅行区）と呼ぶ。園内は緑が溢《あふ》れ、かつ静か。我が家は下町の路地裏にあり、一日中バイクの音が途絶えることはない。テレビを見ようとしても、よほどボリュームを上げないとセリフが聞き取れない。そんな喧噪の中に住んでいる人間にとって、こういう郊外のプチ・リゾートが提供してくれる静寂は、何よりの贅沢《ぜいたく》である。プール、テニスコート、釣り堀、グラススキー場などもあるので、子供も退屈しない。

園内の一部に宿泊棟がある。決して豪華ではないが、どれも比較的新しく、掃除も行き届いていて快適だ。すべての部屋でエアコン、温水シャワー、Ｗｉ－Ｆｉが使える。バイキング形式の朝食がつき、プールは無料。これで宿泊料は一泊五十万ドン～、つまり大体二千五百円程度だ。親子三人で割ると、一人あたり宿泊費は八百円なのだから、コストパフォーマンスも抜群だ。贅沢を楽しみたい人には、一泊二百五十万ドンのＶＩＰルームもある。これはプライベートプール付き、二階建ての一戸建てヴィラだ。一度は泊まってみたいものである。ちなみに、宿泊者以外は

マンゴーガーデンリゾートの入園ゲート

入園料三万ドンを払って入場する。

　園内にはダチョウ園とワニ園があり、レストランではダチョウ料理とワニ料理を楽しむことができる。ステーキ、サラダ、春巻など、いろんな調理方法で出してくれる。私の大好物はダチョウ。牛肉と似た食感・味だが、牛肉よりコレステロールが少なく健康にも良いそうだ。

　プチ・リゾート選びのコツは、ウェブサイトのきれいな写真にだまされないこと。できれば利用経験者の話を聞きたい。はやりすたりも激しいので、最新の情報をチェックすること。また、エクスペディアやアゴダなどのホテル予約サイト、Nhom Mua（http://www.

nhommua.com/）や Hotdeal（http://www.hotdeal.vn/）といったクーポンサイトを使うと、かなり安く泊まれる場合がある。

ちなみに、多くのプチ・リゾートは畑の中や国道沿いにある。公共の交通機関ではたどり着けず、近くには何もないことも多い。食事も遊びもリゾート内で済ませるのが基本だ。また、基本的にはベトナム人の利用客ばかりなので、英語が通じづらいことも覚悟しておこう。

■マンゴーガーデンリゾート（Khu Du Lich Sinh Thai Vuon Xoai）
【住所】114 Ap Tan Cang, Xa Phuoc Tan, TP. Bien Hoa, Dong Nai
【電話番号】0613 968 163（164）【ＦＡＸ】0613 968 165
【ホームページ】http://www.vuonxoai.vn【Email】info@vuonxoai.vn

■巨大テーマパーク・ダイナム公園内の宿泊施設
ホーチミンシティの隣のビンユン省にある。一泊四十万ドン（二千円）程度。公園内にはプール・ジェットコースターなどのある遊園地、動物園などがあり、一日では遊びきれないほど。アクティブに過ごしたい方向け。
【ホームページ】http://laccanhdainamvanhien.vn/trang-chu.html

■シルバークリークリゾート

ホーチミンシティ12区にある大人の雰囲気を持ったお洒落なプチ・リゾート。正規料金だとダブル一部屋八十米ドルと「プチ」とは言えないが、ホテル予約サイトだと四十米ドル程度で提供されている。静かな週末を過ごしたい方向け。
【ホームページ】http://www.silvercreek.com.vn/

ローカル市場で出合うお宝雑貨

勝　恵美

私が市場で買い求める雑貨たちはホコリまみれ。これは本当に売り物なのかと、疑問に思うほど汚れている。そんな薄汚れた物なんか買わなければよいという人もいるが、私はベトナム人が誰も買わないような、古めかしいチープでレトロな食器、コップ、スプーン、フォークといったものに惹かれてしまう。

「ベトナム雑貨ブーム到来！」と叫ばれていたのが二〇〇〇年頃。手刺繍《てししゅう》が施された小物、素朴な焼き物はかわいらしく、日本の雑誌やテレビでも盛んに紹介された。私もそんなベトナム雑貨に心奪われた一人である。しかし、ベトナムの経済成長とともにそうした雑貨は徐々に姿を消していった。代わりに現れたのは、日本でも売られているようなシックでシンプルなもの。たとえば食器なら、どんな料理にも相性が良い真っ白な皿が人気である。

そこで私がよく出かけるのが、ローカル市場。デパートやスーパーなどではお目にかかれない雑貨に出合うことができるからだ。

最近気に入っているのは、ハノイ中心部にあるホアンキエム湖から南へ車で十分ほどの距離にあるモ市場。「モ」というのは「梅」という意味である。もともとこの市場は、トゥオンマイ、マイドン、ホアンマイという三つの村の共同市場として発展した。「マイ」というのも「梅」という意味で、この三つの村の人たちが「ケェ・モ＝梅の人たち」と呼ばれていたことから名付けられたそうだ。この市場は、ハノイで一、二を争う広さで、高級品ではなく生活用品を多く取り扱う。ベトナムでの日々の生活を垣間見ることができ、売り買いを見ているだけでも楽しい。ただし、モ市場は、二〇一四年二月に高層ビルの地下に移転してしまう。ローカル市場の良さは、屋外の空気を感じながら、人もモノもごちゃごちゃした中で、熱気や活力を感じながら買うことにある。高層ビルの地下で、同じような魅力を感じられるかどうか、少々心配ではある。

そのほか、ホアンキエム湖南エリアにあるホム市場は一部が建物の中にあり、一階には衣類や靴などの既製品が売られ、二階が巨大な布市場になっている。建物の端にある薄暗い階段を上ると、小さく区分された店舗と山のように積み上げられた布が突如現れる。細い通路が奥まで続き、まるで迷宮のようだ。ベトナムにあるあらゆる布が集まっているのではと思うほど種類が多く、きっとお気に入りの布が見つかるはず。個人的には一階の果物が売られている場所の近くにある、店舗上に125番と書かれた小さなボタン屋がおすすめだ。さびついた缶の中にぎっしりとボタンが敷き詰められ、南国らしいココナッツでできたボタンをはじめ、昔のお洒落なコートについていたような少し大きめでごつごつとしたレトロなボタンなどを売っている。

また、半年前から始まった土曜日にだけ開かれる蚤《のみ》の市も見逃せない。古道具や骨董品を中心にアーミーグッズなども扱う。ホアンホアタム通りの四五六番地にある小さな古道具屋の脇にある通路を下に降りると中庭が広がり、約四十の業者が所狭しと小さなテーブルや地べたに品々を並べている。売り手はほとんど男性で、どの店も商品に関するうんちくを長々とお客にしている。私は、ここでフランス植民地時代に撮影されたモノクロのプリント写真を見つけて購入した。どこで撮影された写真かも裏面に書き添えてくれたので時間を見つけて訪れてみたいと思う。

こうしたローカル市場での買い物には、いくつかのコツがある。まず、基本的に英語はあまり通じない。ベトナム語がわからない人は、身振り手振りを交えつつ、計算機や紙で値段を示してもらうとよいだろう。外貨も使えないので、ベトナムドンは必須。ベトナムでは、状態の悪い紙幣は受け取りを拒否されることが多いので

蚤の市にはレプリカも売られているので、見極めが大切だ

注意したい。ベトナムの市場での買い物といえばまずは値段交渉、というイメージがあるかもしれないが、観光客が少ないローカル市場では、最初から現地価格で提示されることも多い。元々値段が安いものであれば、値切りすぎるのもよくない。また、最初に来店した客がその日の売り上げの善し悪しを決めると信じられており、何も購入しない客は歓迎されない。朝一の客として行く場合は、必ず何かを買うようにしたり、大幅値引きを求めないなど配慮が必要だ。

私はこうしたローカル市場に出かけると、棚の奥などにしまわれているものを引っ張りだしてもらい、人が見ないような場所まで物色している。なぜなら、こういったところにこそデパートや大型スーパーでは手に入らないお宝が眠っていることがあるからだ。現地の活気を味わいたい人には、ぜひローカル市場を訪れることをおすすめしたい。

■モ市場（Cho Mo）
【移転先住所】459C Bach Mai St., Hai Ba Trung Dist., Hanoi
【営業時間】8時〜18時

■ホム市場（Cho Hom）
【住所】79 Hue St., Hai Ba Trung Dist., Hanoi
【営業時間】8時〜18時

■蚤の市（Cho Phien Do Xua）
【住所】456 Hoang Hoa Tham St., Cau Giay Dist., Hanoi
【営業時間】土曜日の8時〜14時

ホーチミン発、温泉週末ツーリングのススメ

三宅秀晃

バイクの量と交通マナーの悪さで知られるホーチミンシティですが、郊外の道路ではそんな状況も変わり、大きな幹線道路や自然の中の道を気持ちよく走ることができます。もちろんバスやタクシーで行くこともできるのですが、自分でバイクを運転して出かける楽しみはまた格別なものです。ちなみに市内のバックパッカーエリアにはレンタバイク業者がたくさんあります。

そこで、あまり知られてはいないのですが、ホーチミンシティ近郊にあるビンチャウ（Bình Châu）温泉まで週末を利用してツーリングに出かけてきました。

朝六時、ホーチミンシティを出てハノイハイウェイ（Xa Lộ Hà Nội）をハノイ方面へと走ります。この辺りは道幅も広くとても快適に走れますが、途中で通過するコンテナターミナル付近は大型車による渋滞がしばしば発生するので早朝に走り抜けてしまいたいところです。日の出に向かって走ることでちょっと眠たい朝も元気になってくるのでオススメです。

ビエンホアの交差点で右折し、しばらくはひたすら国道51号線（Quốc Lộ 51）を走っていきます。沿線には乳製品の直売所やドライブインがある他、屋台の食堂やカフェがいくつもあり、疲れた時やお腹が空いた時にはいつでも休憩できるので便利です。途中、小さな街をいくつか抜けていくので街中はスピードに注意して運転しましょう。ちなみにベトナムでは幹線道路でもバイクは走行可能な車線が制限され、制限速度も時速六十キロほどです。

ホーチミンシティから百キロほど走るとバリア・ブンタウ省の省都、バリア（Bà Rịa）に到着します。温泉へはここから国道55号線方面に分岐しますが、まだ昼前だったこともあり、このまま国道51号線の終点、ブンタウ（Vũng Tàu）に寄り道していくことにしました。

ブンタウはサイゴン川を走る高速船を使えば、ホーチミンシティから片道九十分の距離です。ホーチミンシティから一番近いビーチリゾートで、現地の方や長期滞在者であれば一度は訪れたことがあるでしょう。ビーチを望むカフェで現地の若者に交じってベトナムコーヒーを飲み、しばらく休憩。練乳入りの甘いコーヒーが疲れを吹き飛ばしてくれます。その後、丘の上に建つ巨大なキリスト像を目指して十五分ほど階段を登りました。少々疲れますが、頂上から一望するビーチとブンタウ市内はそれだけの価値はある景色で、また、キリスト像近くの小さな食堂のシーフード料理も新鮮でとても美味しいのです。

ブンタウからまた温泉を目指しますが、バリアまで戻って国道55号線で行くことはせず、今回はあえて海沿いの路線番号もないような道を通ることにしました。海沿い……といっても残念ながら海は見えませんが、完全舗装の二車線で、交通量も少なく走りやすい道です。沿道には建設中のビーチリゾートがいくつも並んでいます。一部は既にオープンしており、カジノも併設しているベトナム最大の娯楽施設、ザ・グランド・ホーチャム・ストリップ（The Grand Hồ Tràm Strip）も部分開業しています。数年後にはベトナムを代表する一大リゾートになることでしょう。この道を五十キロほど走ると国道55号線と合流するのですが、ちょうどその辺りがビンチャウです。温泉はビンチャウ中心部より三キロのところにあります。

日帰り入浴もできますが、今回は宿泊することに。料金は一番安いグレードでシングルが八十万ドン、ツインが百万ドンです。ビンチャウ温泉リゾートには大浴場、足湯、泥温泉という三つの温泉があり、宿泊者は大浴場や足湯が無料となる他、朝食も付いてきて、泥温泉も三割引きになるのでお得です。

大浴場はプールのような外観で水着着用ではありますが、舐めると少々塩辛いの

温水プールのような外観のビンチャウ温泉リゾートの大浴場

で温泉なのでしょう。療養目的で訪れる現地の人もいるようです。お湯はぬるめで、説明書きには三十七度と書いてありますが、ベトナム人にとっては熱いらしく、初めて来た人は入るのを躊躇《ちゅうちょ》するそうです。初日は大浴場に入り、併設しているレストランでベトナムのローカル料理とビールを楽しんでから寝ることにしました。

翌朝は朝食バイキングの後、足湯へ。ハノイ、フエ、サイゴン（ホーチミンシティ）の名所のオブジェが置いてありましたが、とても小さく塗装も剝げていてがっかり。

その後、大浴場の隣にある泥温泉に向かいました。入浴料を払うと泥パックとオイルを渡されて、浴槽とシャワーがある個室に案内されます。そこで泥とオイルを混ぜあわせ、自分の体の隅々まで塗っていきます。体が真っ黒になったところでしばらく休憩。乾いてきた頃に洗い流すと、体の隅々まできれいになった気がしました。受付でもらったペットボトルの水で温泉で渇いた喉を潤したところで泥温泉は終了。

泥温泉の後にまた大浴場で体を温め、温泉卵のコーナーへ。生卵を購入すると長い紐がついたカゴが渡され、カゴに卵を入れて八十度ほどもある源泉の中に入れます。十五分ほど待てば、温泉卵のできあがり。塩をかけて食べるとこれがとっても美味しいのです。

ビンチャウ温泉は一泊もあれば十分楽しむことができます。ちなみに途中にあるビーチリゾートも同じ会社が運営しており、シャトルバスも出ているので、そちらにも足を運んでみるとよいかもしれません。

■The Binh Chau hot springs
【住所】Highway 55, Binh Chau, Xuyen Moc, Ba Ria-Vung Tau
【電話番号】064-3871131　【ＦＡＸ】064-3871105

【E-mail】saigonbinhchau@saigonbinhchauecoresort.com

■Ho Chi Minh City Branch（ビンチャウ温泉のホーチミン支店）
【住所】68/2 Dao Duy Anh, Ward 9, Phu Nhuan District, HCMC
【電話番号】08-39970677 / 62942307【ＦＡＸ】08-39970699
【E-mail】saigonbranch@saigonbinhchauecoresort.com
※ホーチミンシティからのツアー等の取り扱いをしています。

■筆者が運営するベトナム情報ポータル「ベトナム生活・観光情報ナビ」
http://vietnam-navi.info/

ベトナムの軽井沢〝ダラット〟

迫田陽子

街に出るとスターバックスやバーガーキング、日系のコンビニチェーンなど、日本でもおなじみの店が目につくホーチミンシティは、バンコクやシンガポールなど、東南アジアによくある大都市になりつつある。ホーチミンシティに暮らす私は、おかげで便利な毎日を送ることができるのだが、「ベトナムらしさ」を存分に味わいたいのなら、ホーチミンシティやハノイだけではなく、ぜひ地方都市に足を運んでいただきたい。

私のおすすめは、中南部の高原リゾートとして名高いダラット。フランス植民地時代に本格的に開発され、いまも街なかに点在するヴィラが、当時の面影を残している。空の玄関口、リエンクオン空港に降り立ってまず実感するのが、「空気がおいしい！」ということ。日頃バイクだらけのホーチミンシティの空気のなかで過ごしているためか、体がきれいな空気を欲しているのだろう。胸いっぱいに吸い込んで、シャトルバスに乗り込み市内中心部へ向かう。道中も緑にあふれていて、松林の合間をぬいながら、カーブした道を登って行く。丘を越えて、眼下にスアンフーン湖が見えたら終点。湖を中心として街は賑わいをみせていて、野菜や果物が並ぶダラット市場や、カフェなどが並んでいる。街がコンパクトにまとまっているので、手軽に散策できるのが魅力だ。時間に余裕があれば、郊外の滝や美しい谷などをめぐる現地発のツアーに参加してもよいだろう。

ベトナム人たちにとってダラットは、ダントツトップの新婚旅行先でもあり、「ベトナム人の八割はダラット産」という冗談まで交わされるほどである。ベトナム国内でも有数のゴルフコースがあり、日本人駐在員たちにも人気だ。年間でも平均気温が二十度前後とあって、とても過ごしやすい。日本でいえば、軽井沢といった感じだろうか。十二月はじめ頃に訪れたときは、夜にダウンジャケットが必要だったほどだ。

市内にはフレンチヴィラを改築したホテルや、ロッジが点在していて、手頃な価格で泊まることが出来る。ダラットパレスホテルや、アナマンダラ・ヴィラ・ダラット・リゾートといった代表的なホテルは、アンティークな家具や内装がほどこされている。行ったことはないけれど、ヨーロッパの高原の保養地のような雰囲気だろうか。

絵本に出てきそうなダラットの駅舎。高原の街・チャイマットまでの観光列車が運行している

ダラットは野菜の産地としても知られており、とにかく野菜が新鮮でおいしい。ホーチミンシティで見かけるダラット産の野菜は、しおれて小さくなっていることも少なくない。おそらく輸送の問題だろう。だが、ダラットの市場で見るレタスや紫キャベツの大きさとみずみずしさと言ったら、感動ものである。おみやげや自宅用に野菜や果物を買う人もいるくらいで、そうした客を当て込んだ大ぶりで丈夫なショッピングバッグを扱う露店もある。

ダラットでぜひ味わってもらいたいのが、野菜をたっぷり使ったサラダと鍋。鍋が出来上がる間に、フライドポテトもお試し頂きたい。ダラットのじゃがいもの美味しさは名高く、素朴な味わいが口の中に広がって、冷凍食品とは比較にならないくらいのおいしさだ。

夜にはダラット市場の周辺にたくさんの屋台が出る。ダラット名産のアーティチョークを使ったお茶や野菜チップス、果物の砂糖漬けなどはおみやげに最適。また、焼きトウモロコシや温かい豆乳など、お腹がいっぱいでもついつい手が伸びてしまう。観光客だけでなく、地元の人たちも利用するナイトマーケットなので、屋台で隣り合った人たちとの会話もまた楽しい。

ダラット以外でも、ベトナムには魅力的な地方都市がたくさんある。ビーチならばニャチャン、フーコック島、コンダオ島がおすすめ。いずれもホーチミンシティから飛行機で一時間程度だ。中南部のニャチャンはベトナムの人にも定番のビーチリゾートだが、最近はロシア人の中間富裕層が長期滞在する人気の保養地となっている。カンボジア国境近くのフーコック島は国防の要衝として知られているが、美しい砂浜があり、ここ十年ほどでリゾート開発が進んでいる。またホーチミンシティから南へ約二百三十キロにあるコンダオ島はかつて戦犯の流刑地として収容所がおかれたことから、別名「ベトナムのアルカトラズ（サンフランシスコにある〝監獄島〟）」と呼ばれた場所。海の美しさと、豊かな自然資源を活用した高級リゾートが進出し、新たなリゾート地として注目が集まっている。

各地へのアクセス情報（2014年1月現在）

■ホーチミンシティーダラット（リエンクオン空港）

ベトナム航空が運航。1日1〜2便（フライト時間約50分）。空港からダラット中心部までシャトルバスが運行（約40分）。

■ホーチミンシティーニャチャン（カムラン空港）

ベトナム航空とベトジェット航空が運航。各社1日4〜5便（フライト時間約55分）。空港からニャチャン中心部までタクシーで約30分。

おわりに

本書を書き終え、ひとつの事実を改めて思い知らされた。僕はベトナムという国から、あまりに多くのアジアを学んでいたということだった。

この本では、日本という国で、「ベトナム戦争反対」と叫んだ世代のベトナムへの思いと、ベトナム人の意識のずれにそれなりの枚数を費やしている。これまで、この話は、ベトナムの政治を分析するような学術書の領域だった気がする。そして、この話題に反応するのは、「フランシーヌの場合」という歌を知っている世代に限られている。日本のシニア層、コアな世代表現でいえば、団塊の世代である。若い世代にしたら、かつて日本にも、ベトナム戦争に反対する大きなうねりがあったことは知っていても、肌感覚ではとらえにくい話である。

シニア層にしてみたら、あの時期は、息が詰まるほどの高揚感に満ちていた。その波は、けっして日本だけではなく、世界の若者の間のうねりだった。ベトナム戦争は、資本主義社会の閉塞感に疑問を抱いた世界の若者たちにしたら、まさに象徴のような戦争だった。

あの時代を否定などしない。僕自身、あの時代に憧れる青春をすごしてもいる。しかし、視点をベトナムに移せば、それは先進国の若者の自己満足という面をたしかにもっていた。アジアから発信される情報は断片的だったという問題もあるにせよ、アジアの土も踏んだことがない若者の勝手な思い入れという誹《そし》りは素直に受けなければいけない気がする。

アジアというかつての途上国群には、当時、多くの血が流されていたが、彼らはしたたかでたくましかった。その視点がすっぽりと抜け落ちていた。

僕は学生運動にもかかわっていたが、その途中でタイという国に向かった。そこで突きつけられたことは、先進国が失いつつあった豊かな暮らしだった。アジアは貧しく、植民地時代から尾を引く弊害に苦しんでいるという発想は、先進国の若者が陥りがちなステレオタイプの論理だった。

その渦中に入ったとき、僕のなかでの学生運動は色褪せていった。

それはそっくりベトナムにもあてはまっていた。民族が力を合わせてアメリカに勝ったという図式は、「あのまま南ベトナムが続いたら、韓国ぐらいには発展していたかもしれない」というベトナム人の言葉の前で、やはり脆かった。

ベトナムの旅を紹介する本で、この問題に触れることは、的外れではないか、という思いはある。しかし日本は豊かで、アジアは貧しいという発想は、いまのアジアでは通用しない。東南アジアの国々の多くは、日本より高い経済成長の軌道に乗っている。若い人たちの人口が多いベトナムのポテンシャルエネルギーは、これからの経済成長を支えていくといわれる。

そういう時代感覚をわかってもらうために、あえて、日本の若者がベトナム戦争反対と叫んだ時代に分け入ったつもりだ。言葉が足りない部分はあるかもしれない。しかし、「フランシーヌの場合」を知っている世代が陥った隘路《あいろ》に迷い込まないためにも、アジアにかかわったシニアの言葉を聞いてほしい気がするのだ。

写真のほとんどは、阿部稔哉カメラマンの撮り下ろしである。第八章は、ベトナム在住の日本人に、週末のベトナム旅を書いてもらった。出版にあたり朝日新聞出版の野村美絵さんのお世話になった。

二〇一四年二月

下川裕治

中華人民共和国
ラオカイ
ドンダン
ランソン
ディエン
ビエンフー
ハノイ
ハイフォン
ラオス
南シナ海
フエ
ダナン
タイ
カンボジア
バンメトート
ニャチャン
ダラット
ホーチミンシティ
チャウドック
タイランド湾
フーコック島
コンダオ島
ベトナム全図
VIETNAM

ホーチミンシティ市内中心部
＊ページは本文初出
中央郵便局
レジェンドホテル
サイゴン
大聖堂
市民劇場
ハイバーチュン通り
チャオフンダオ将軍像
国営百貨店
ドンコイ通り
❶フォー24（P88）
マジェスティックホテル
ベンタン市場
グエンフエ通り
サイゴン川
バスターミナル

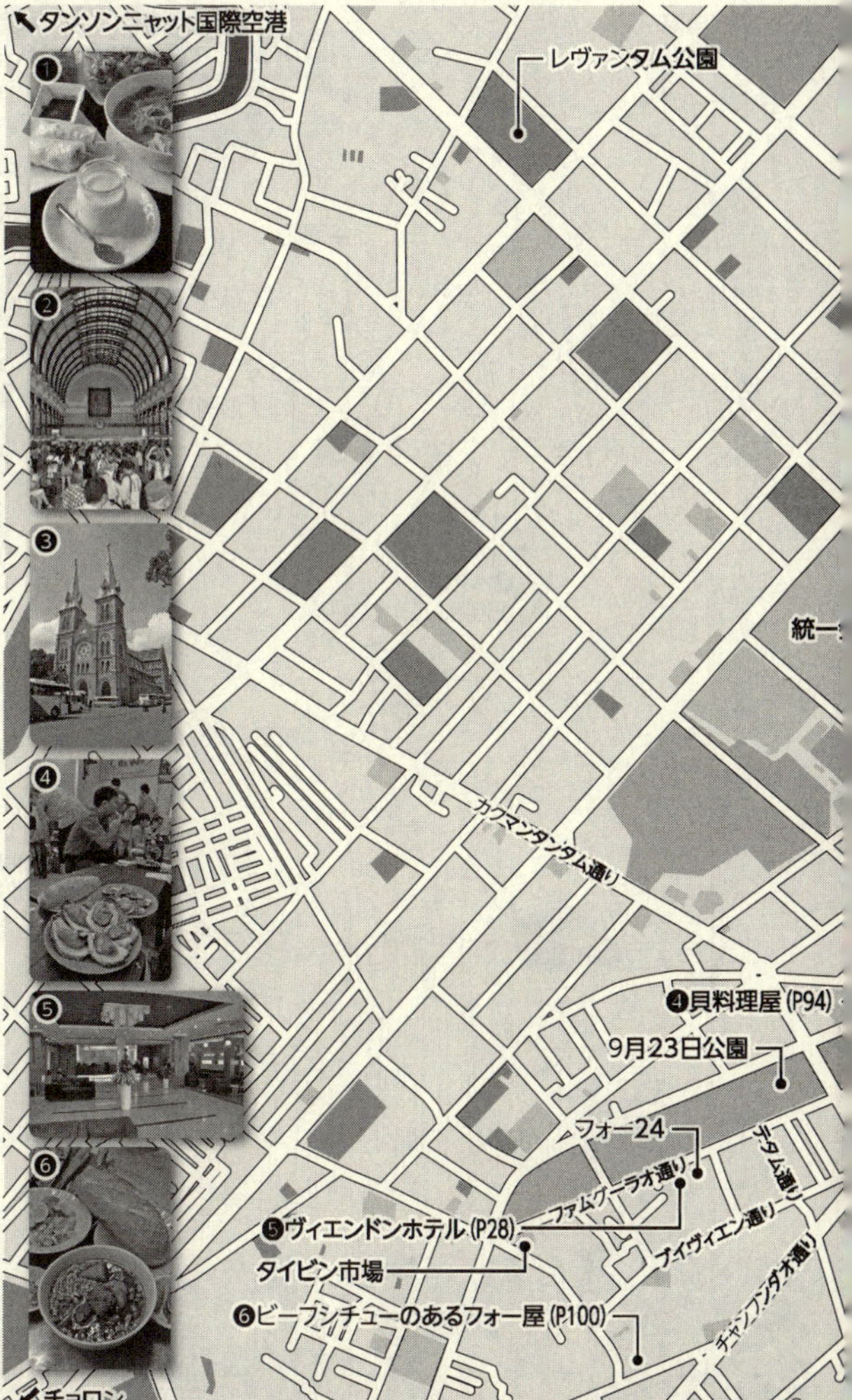

タンソンニャット国際空港
レヴァンタム公園
統一
カクマンタンタム通り
❹貝料理屋(P94)
9月23日公園
フォー24
デタム通り
ファムグーラオ通り
❺ヴィエンドンホテル(P28)
ブイヴィエン通り
タイビン市場
❻ビーフシチューのあるフォー屋(P100)
チャンフンダオ通り
チョロン

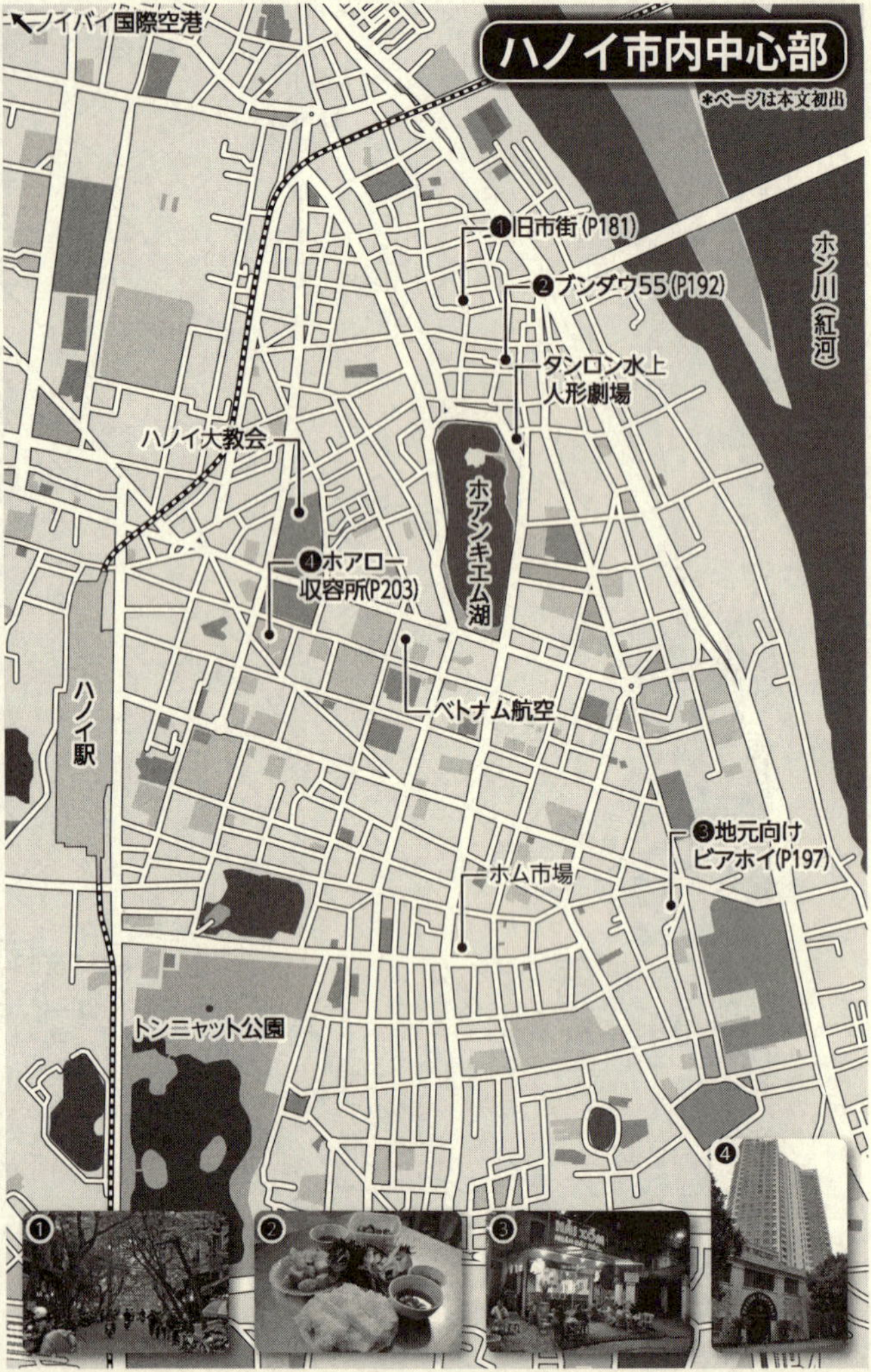
ハノイ市内中心部
*ページは本文初出
ノイバイ国際空港
❶旧市街(P181)
❷ブンダウ55(P192)
タンロン水上
人形劇場
ホン川(紅河)
ハノイ大教会
ホアンキエム湖
❹ホアロー
収容所(P203)
ハノイ駅
ベトナム航空
❸地元向け
ビアホイ(P197)
ホム市場
トンニャット公園
❶
❷
❸
❹

週末《しゅうまつ》ベトナムでちょっと一服《いっぷく》　朝日文庫

2014年3月30日　第1刷発行
2014年8月10日　第2刷発行

著　者　下川裕治《しもかわゆうじ》
写　真　阿部稔哉《あべとしや》

発行者　首藤由之
発行所　朝日新聞出版
〒104-8011　東京都中央区築地5-3-2
電話　03-5541-8832（編集）
03-5540-7793（販売）

印刷製本　大日本印刷株式会社

ISBN978-4-02-261788-0

開高 健／高橋 昇写真
モンゴル大紀行
文壇の太公望、幻の大魚を追って蒼穹の大草原へ。巨匠最後の夢の発端となった旅をカラー文庫で記録。司馬遼太郎との対談を追加。〔解説・鯉渕信一〕

カベルナリア吉田
沖縄の島へ全部行ってみたサー
静寂に満ちたビーチを独り占めしたり、民宿やご飯処で出会う人々と交流したり。「リゾートじゃない沖縄」を歩く旅エッセイ。カラー写真も収録。

カベルナリア吉田
沖縄の島を自転車でとことん走ってみたサー
沖縄の一八島二〇〇〇キロを自転車で一周！ 時速一〇キロだから見える景色や人々との出会いが満載、自転車乗りも沖縄好きも必読の旅エッセイ。

開高 健
ベトナム戦記
戦場の真っ只中に飛び込み、裸形の人間たちを凝視しながらルポルタージュしたサイゴン通信。〔解説・日野啓三〕

姜尚中
生と死についてわたしが思うこと
初めて語る長男の死の真実――。3・11から二年、わたしたちはどこへ向かうのか。いま、個人と国家の生き直しを問う。文庫オリジナル。

岸 惠子
私の人生 ア・ラ・カルト
人生を変えた文豪・川端康成との出会い、母親との確執、娘の独立、離婚後の淡い恋……。駆け抜けるように生きた波乱の半生を綴る、自伝エッセイ。

朝日文庫

朝日新聞社会部編
日航ジャンボ機墜落
五二〇人もの死者を出した日航機墜落事故を、『朝日新聞』はどう取材し、報道したのか。そのプロセスを克明に綴る。

朝日新聞取材班
生かされなかった教訓
巨大地震が原発を襲った
福島原発事故発生から一カ月あまりを追った迫真のルポ。柏崎刈羽原発事故を検証した『「震度6強」が原発を襲った』に大幅加筆。

朝日新聞取材班
証拠改竄《ざん》
特捜検事の犯罪
大阪地検特捜部のエースによる証拠改竄事件。「巨大権力」検察に挑み、この前代未聞の犯罪をスクープした記者達の戦いの記録。〔解説・髙村　薫〕

朝日新聞社編
戦争体験
朝日新聞への手紙
南方の前線の極限状態、家族を失う悔しさ、空襲の地獄絵図、軍国教育を受けた怒り——。「声」欄に届いた一七一通の貴重な証言。〔解説・保阪正康〕

週刊朝日編集部編
忘れられない一冊
作家・三浦しをんが小学生の頃に感銘を受けた本。宗教学者・山折哲雄の酒代に消えてしまった貴重本……。著名人が明かす「本」にまつわる思い出話。

朝日新聞中国総局
紅《くれない》の党
完全版
薄熙来《はくきらい》事件を機に中国共産党の闇に迫った朝日新聞好評連載の文庫化。党幹部候補生の実態を描いた第四部、中南海を探る第五部を加えた完全版。